青春文庫

日本人が知らない歴史の顚末！

「滅亡」の内幕

歴史の謎研究会［編］

青春出版社

はじめに

人類の歴史は創造と破壊の繰り返しだ。一つの国家、あるいは一つの文明が永遠に繁栄を続けるということは稀《まれ》で、ときには滅亡してしまうことさえ珍しくない。そんな滅亡の瞬間にスポットを当てたのが本書である。

歴史上、燦然《さんぜん》たる輝きを放った一族や文明であればあるほど、その後の「滅亡」に至った道筋には、意外なドラマが隠されているものだ。たとえば、栄華を誇った平氏一門が滅亡した本当の「きっかけ」、琵琶湖の水上交通を牛耳った〝湖賊・堅田《かた》衆《た》〟の実像、備中《びっちゅう》高松城の清水宗治《むねはる》にみる〝滅び〟の美学……。

海外に目を向ければ、砂に埋もれたオアシス国家・楼蘭《ろうらん》と「さまよえる湖」の接点、始皇帝が築いた統一国家・秦《しん》が短期間で滅んだ理由など、滅亡をめぐるドラマは無数にある。

なにが滅亡のきっかけとなったのか、その瞬間、なにが起きたのか、滅亡後、彼らは何を遺《のこ》したのか。歴史エピソードを楽しみながら、悠久の時に想いを馳《は》せてもらえたら、これ以上の喜びはない。

二〇一九年二月

歴史の謎研究会

日本人が知らない歴史の顛末！「滅亡」の内幕■目次

2章　謎の「一族」から読み解くもうひとつの日本史

3章 時代を大きく動かした滅亡のドラマ、その全真相

4章 そして、彼らは消えていった——時代を動かした権力の興亡

カバーイラスト　©Kyoshi Naruse/amanaimages
本文写真　熊谷公一／アフロ
　高橋充／アフロ
　田中重樹／アフロ
　びわこビジターズビューロー
地図作成　中山デザイン事務所
図版作成・DTP　フジマックオフィス
協力　カミ通信（新明正晴）

1章

歴史の表舞台から消え去った人々の「痕跡」をめぐる物語

織田信長に敗れた後も版図を拡大していた武田氏の謎

▼勝頼に対する評価に変化が

甲斐《かい》の武田信玄《たけだしんげん》といえば戦国期を代表する武将――守護大名の一人で、越後《えちご》の上杉謙信《うえすぎけんしん》とは好敵手関係にあったことでもよく知られている。同時代を生きた織田信長《おだのぶなが》はこの信玄を恐れることひと通りではなく、そのことを裏付けるようにイエズス会宣教師ルイス・フロイスは著書『日本史』の中で、「信玄こそは織田信長がもっとも煩《わずら》わされ、常に恐れていた敵」と述べているほどである。

そんな偉大な信玄の跡を継いだのが、ご存じ息子の武田勝頼《かつより》だ。後世の史家の多くはこの勝頼に対し、「無能な後継者」「無鉄砲な猪《いのしし》武者」「背伸びしすぎた凡将」……などなどマイナス評価を与えてきた。実際、勝頼の代で甲斐源氏宗家《そうけ》の名門武田氏が滅びたのだから、そうした評価もむべなるかな、である。

しかし、近代になり、勝頼への評価は少しずつ変わりつつある。長篠《ながしの》の戦いで織田・徳川連合軍に完膚《かんぷ》なきまでに叩き伏せられ、再起不能と思われていた武田軍団を立て直し、その後、亡くなるまでの七年間に父信玄のときよりも領土を拡大したことなどが評価されたからである。

では、勢力を盛り返した武田軍が、その後なぜ滅んだのであろうか。滅亡のきっかけとなった事件「御館《おたて》の乱」の顚末《てんまつ》を追いながら、そのあたりをみていこう。

▼三人の兄たちがいなくなり後継者に

武田勝頼は信玄と、その側室である諏訪《すわ》御料人との間で信玄の四男として誕生した。諏訪御料人の実家である諏訪氏は信濃《しなの》の名門一族で、武田とのそれまでの敵対関係を解消するため信玄が側室として迎え入れたのだった。

勝頼の誕生は父信玄から期待されたものでなかったことは、その名前からよくわかる。勝頼の上の、信玄の正室から生まれた三人の兄たち（義信《よしのぶ》、信親《のぶちか》、信之《のぶゆき》）はいずれも父の名前から「信」の一字を頂戴していた（いわゆる偏諱《へんき》を賜《たまわ》っていた）のに対し、側室の子の勝頼にはそれがなかった。

ところが、嫡男《ちゃくなん》は信玄に対し謀叛《むほん》を企《くわだ》てたという理由で粛清《しゅくせい》され、二男は若くして僧籍に入っており、三男は夭折《ようせつ》していた。そのため、まるで期待されていなかった勝頼に突如スポットライトが当たってしまう。

それは、永禄《えいろく》十年（一五六七年）のことで、嫡男義信の自害により勝頼が実質的な後継者に指名される。家中には諏訪氏をよく思わない勢力も多く、勝頼の前途多難さを暗示させた。その後、正式に家督を相続したのは元亀《げんき》四年（一五七三年）の信玄の急死後で、勝頼二十八歳のときであった。

信玄が亡くなると、頭上の巨大な重しが取り除かれたことでそれまで守勢に回っていた織田信長と徳川家康《とくがわいえやす》の逆襲が始まった。勝頼はその攻撃を跳《は》ね返すため積極的に外征に打って出る。いよいよ勝頼の真価が問われるときが来たのだ。

▼最大版図を築き上げる

勝頼は天正《てんしょう》二年（一五七四年）二月、美濃《みの》へ侵攻して織田方に属していた明知城《あけちじょう》を攻略する。その勢いのまま同年六月には徳川方についていた遠江《とおとうみ》の高天神城《たかてんじんじょう》を落城させた。

とりわけ、高天神城は戦国最強をうたわれた父信玄さえも落とせなかった難攻不落の要塞《ようさい》だっただけに、それを陥落させたことで勝頼は有頂天となり、以来、家臣の忠告を聞かなくなったと『甲陽軍鑑《こうようぐんかん》』に記録されている。

翌天正三年、勝ちに驕《おご》った勝頼は、徳川方に奪われていた三河の長篠城《ながしのじょう》を攻める。これが武田の運命を変える合戦となった。ご存じのように織田・徳川の連合軍によって武田軍は信玄以来の有力武将を数多《あまた》戦死させ歴史的大敗を喫したのである。

ここで武田の命運も尽きたかのように思われたが、どっこい勝頼はしぶとかった。その後も勝頼は検地の断行などで内政の充実に努める一方、軍事面も怠《おこた》らず、結局、天正七年（一五七九年）ごろには父信玄の時代をしのぐ最大版図《はんと》を築き上げたのである。

ところが、快進撃も長続きしなかった。上杉謙信亡きあとの上杉家での後継者争い、すなわち「御館の乱」に巻き込まれたことがきっかけだった。これは謙信の甥《おい》で養子の上杉景勝《かげかつ》と、相模《さがみ》の北条《ほうじょう》から入った養子・上杉景虎《かげとら》（北条氏政《うじまさ》の実弟）との争いだが、勝頼が景勝を支援したことから、北条氏政は激怒。それまでの武田との同盟（甲相同盟《こうそう》）を一方的に破棄してしまう。こうして北条という強力な同盟者を失ったツケはすぐに勝頼に回ってきた。

▼勝頼の先見の明が曇った？

ここで疑問なのは、なぜ勝頼は同盟関係にあった北条を裏切るような真似をしたかということだ。勝頼が二十四歳のとき、いったん甲相同盟は破たんするが、その二年後に復活。天正五年、三十二歳のときには同盟強化のため氏政の妹・桂林院《けいりんいん》を自らの継室《けいしつ》（後妻）に迎えているほどで、両国の絆《きずな》は強固だったはずだ。

それなのになぜ……。

この疑問に対する明確な答えはまだ出ていない。一説に、勝頼の先見の明が曇ったことと、上杉景勝方に武田がうまく利用されたからだと言われている。なぜそう言えるのか、その理由を簡単に述べてみたい。

景勝と景虎の養子二人による跡目争いが激化すると、それを心配した北条氏政は勝頼のもとへ使者を送り、景虎への支援を要請した。勝頼はその要請にこたえる形で隣国越後に出陣する。

この時点で勝頼は積極的に景虎を支援して他国の内乱に首を突っ込む気持ちは毛頭なかったらしい。もしも越後で戦闘が激化すれば、留守にした領土を織田や徳川にすかさず侵略されることは火を見るよりも明らかだった。さらにまた、景虎が後継者となって越後を掌握した場合、わが領土の北からも東からも「北条の目」を意識させられることになり、勝頼にはそれが耐えられなかったのだ。

▼景勝の参謀役、直江兼続の入れ知恵か

そこで勝頼は、争いに加わるのではなく、養子二人の仲裁役を買って出た。これが功を奏し、内乱はいったん収まる。このとき景勝方は勝頼に対し密《ひそ》かに、黄金と領土の割譲《かつじょう》を条件に支援要請をしたとされている。

争いが一段落してほっと安堵《あんど》したのもつかの間、徳川軍が駿河《するが》にある武田方の領土に進攻したとの急報に接し、勝頼はあわてて越後を引き揚げることに。すると、景勝と景虎は待ってましたと争いを再開してしまったのである。

このとき景勝は、「勝頼との取り引きが成功し、武田はわが方の味方になってくれた」と国の内外に向けて喧伝《けんでん》したと言われている。おそらく、景勝の参謀役

であった直江兼続《なおえかねつぐ》あたりの入れ知恵であろう。

これを真に受けたのが、相模の北条氏政だった。弟景虎の支援を要請したはずなのに、それを裏切って弟とは敵対関係にある景勝の味方をするとは何事か、と怒り、勝頼に対し一方的に甲相同盟の破棄を通告してきたのだった。

こうして、はからずも北条を裏切ることになった勝頼。北条という強力な同盟相手を失ってしまったことで、それを好機とみて、徳川家康が高天神城の奪還に乗り出す。天正八年（一五八〇年）十月のことだ。

▼高天神城を見殺しにする

このとき、なぜか勝頼は高天神城に救援軍を派遣することはなかった。高天神城の堅城さを過信していたからとも財政難だったからとも言われているが、もうひとつ、出陣の隙《すき》を衝《つ》いて北条に攻め込まれるのが怖くて兵を出せなかったから、という説も有力視されている。

結局、高天神城を守備していた武田方の兵は全滅する。徳川や織田はこれを千載一遇《せんざいいちぐう》の好機ととらえ、「勝頼が味方を見殺しにした。武田にはもはや援軍を送る力もないのだ」と大いに世間に触れ回った。

戦国最強をうたわれた武田軍団の威勢と勝頼の名声はこうして地に堕《お》ちた。このときを境に、武田家中の有力武将が勝頼を見限り、どんどん離れていったと言われている。

その後、織田軍に追い詰められた勝頼は、天目山において妻子とともに自害を遂《と》げた。それは、第二次高天神城の戦いが終結してわずか一年後の天正十年（一五八二年）三月のことだった。

あのとき、北条氏政に要請されたとおり景虎の支援をしていたなら、北条との結束はより強固なものとなり、こうもあっさりと武田は滅亡していなかったに違いない。勝頼こそは天運に見放された武将だったのである。

桶狭間の大敗北が〝導火線〟となった今川氏滅亡のその後の話

▼父義元の跡を継いで七十万石の太守に

今川義元《いまがわよしもと》の子の今川氏真《うじざね》と武田信玄《たけだしんげん》の子の武田勝頼《かつより》は境遇がよく似た二人である。ともに父親は清和源氏《せいわげんじ》の血を引く偉大な戦国武将で、一時は天下の権をその手に掴みかけたほどの大大名でもある。父親が覇業半《なか》ばで急死したところも同じだ。さらに父亡き後、それぞれ家督を継いだものの身内の裏切りや周辺勢力の侵略に遭い、あっけなく家を滅ぼしてしまった点まで似通っている。

ただ一つ大きく異なるのは、その最期だ。勝頼は織田信長《おだのぶなが》の軍勢に追い詰められ、武田氏ゆかりの地、天目山（甲州市大和町）において妻子とともに自害して果てた。まことに戦国武将らしい凄愴苛烈《せいそうかれつ》な最期である。

では、氏真はどうか。氏真は信長によって討たれた（「桶狭間《おけはざま》の戦い」）父義元の跡を継いで駿河《するが》、遠江《とおとうみ》、三河《みかわ》の三国を治める七十万石の太守となったのが二十三歳のとき。若い氏真には大国を統《す》べるだけの器量は到底持ち合わせていなかった。

氏真は結局、家が滅んだ後も戦国の世をしぶとく生き延び、最期は七十七歳という当時としては異例の長寿を保って亡くなった。晩年は少年時代から因縁がある徳川家康《とくがわいえやす》の援助を受けて暮らしていたという。そんな氏真の、見方を変えれば実に潔いその後の流転人生をたどってみた。

▼信長よりも早かった楽市令

氏真は今川義元と正室定恵院《じょうけいいん》（武田信玄の姉）の間に嫡子《ちゃくし》として誕生した。つまり、信玄にとって氏真は甥《おい》っ子ということになる。早くから和歌や蹴鞠《けまり》に熱中しており、よく言えば文化人、悪く言えば遊び人だった。義元生前のころ、氏真は父からこう忠告されたという。

「お前はすでに成長したが、鶏を闘わせたり犬を走らせたりして童心が抜けていない。それを改めなければ国はくつがえり、家が滅ぶことを肝に銘じておくがよい」

そんな趣味に明け暮れ、あげくには国を滅ぼした「愚かな君主」というイメージが強い氏真だが、父義元が亡くなると意外な行動をとっていることがわかった。

領内で国人（地方豪族）らの離反の動きが出てきたため、氏真はそうした国人や商人、寺社などに対し自分名義で既得権益を保障するむねの安堵《あんど》状を多数発給し、国情の安定化に努めていたのだ。この中には、富士山本宮浅間大社《せんげんたいしゃ》の富士大《だい》宮司《ぐうじ》である富士信忠《ふじのぶただ》に宛てて出した「楽市」を認める文書もあった。この楽市令は信長よりも一年早く、信長も参考にしたほどだという。

感情にまかせて父義元の弔《とむら》い合戦に打って出るよりも、まず領国の安定化を図ったほうがより上策と氏真なりに判断したのであろう。「海道一の弓取り」と称され、領国経営にも長《た》けていた父義元には及ぶべきもないが、さすがにその血の何分の一かは氏真の体内に受け継がれていたのである。

▼家康に庇護を求める離れ業を

ところが、急坂を転げ落ちる大石にもはや歯止めはきかなかった。少年時代、父義元のもとで人質生活を送ったことがある三河の徳川家康と甲斐《かい》の武田信玄が相次いでそれまでの同盟関係を破棄し、駿河に侵攻してきたのである。

　そこで氏真は北条《ほうじょう》家からもらった妻の早川殿（北条氏康《うじやす》の娘）を連れ、遠江の掛川城に駆け込むが、すぐに城は徳川軍に囲まれてしまう。氏真は半年間籠城《ろうじょう》して頑張ったが、結局は力尽きて開城した。

　家康から命だけは助けられ、追放と決まった氏真には、もはや庇護を求める相手は妻の実家の相模《さがみ》の北条家しか残っていなかった。このとき氏真三十二歳。この時点で戦国大名としての名門今川氏は滅亡したと考えられている。

　相模に入って、ほっと安心したのもつかの間、すぐに当主の氏康が亡くなり、跡を継いだ氏政《うじまさ》がそれまで敵対関係にあった武田と同盟関係を結んだことから、そのまま相模に滞在するわけにはいかなくなってしまう。流浪の旅もやむなしと思われたが、ここで氏真は思わぬ行動に出た。

　それまで争っていた家康のところへ行き、庇護《ひご》を求めたのである。

「なんと食えない男であろうか」

　おそらく家康は、そう言って苦笑したに違いない。しかし家康はその申し出を即諾する。今川家には人質とはいえ八歳から十二年間も世話になった恩義がある。それを無下にして、零落《れいらく》した旧主を放り出すのは人の道に反するというものだ。もうひとつ、うがった見方をすれば、旧主を保護下に置くことで駿河を統治するうえで大義名分が立つことになるという打算が働いたことも確かであろう。

▼氏真に寄り添う糟糠の妻の存在

天正《てんしょう》三年（一五七五年）三月、氏真三十八歳のとき、上洛《じょうらく》して仇敵《きゅうてき》信長に謁見《えっけん》している。このとき氏真は得意の蹴鞠を信長の御前で披露した。噂を聞いて自称蹴鞠名人の公家《くげ》たちが次々に対戦を申し込んできたが、氏真の足さばきはまさに神《しん》に入《い》る巧妙さで、誰一人敵わなかったという。

その後、氏真は出家して宗誾《そうぎん》と号し、家康の庇護のもと浜松で和歌や蹴鞠に親しむ風雅な日々を過ごすようになる。のち京都に移住するが、豊臣秀吉《とよとみひでよし》や家康の援助を受けており、暮らしは裕福だったとみられている。

京都では、日記『言経卿記《ときつねきょうき》』で知られる公卿《くぎょう》の山科《やましな》言経や冷泉《れいぜい》家などの文化人と交流を持ち、和歌や連歌の会に頻繁《ひんぱん》に顔を出している。

関ヶ原の戦いを経て徳川と豊臣の最終決戦が迫ってきたころ、家康は氏真に対し、江戸・品川への移住をすすめた。それに応じて氏真が妻の早川殿を伴い江戸に入ったのは慶長《けいちょう》十七年（一六一二年）ごろとみられている。

翌十八年、長年連れ添った早川殿が亡くなる。氏真にとって早川殿はまさに糟糠《そうこう》の妻であった。政略結婚で結び付いた二人だったが、夫婦仲は常に円満だったという。夫婦の間に四男一女がいたことからもそれがわかる。

▼夫婦一対の肖像画が描かれる

城を奪われ、実家からさえも放逐《ほうちく》される辛い流浪の日々を氏真と共有した早川殿。わが夫が世間からどんなに「無能」のそしりを受けようとも、変わらない愛情で夫を励まし支え続けた。氏真にとってこれ以上ない賢婦人であった。

早川殿が逝《い》くと、その二年後に氏真が亡くなった。すると遺族の意向で氏真と早川殿の対となる肖像画が描かれている。戦国武将では稀《まれ》なことだ。それだけ夫婦の絆《きずな》が深く強かった証《あかし》であろう。

現在、夫婦の墓は、今川家の菩提寺《ぼだいじ》である東京・杉並の観泉寺《かんせんじ》にある。通常、戦国武将の妻の墓は、夫から少し離して、より小型のものが建てられるのが一般的だが、氏真と早川殿のそれは大きさも形状もほぼ同じで、しかも隣り合って建っている。そこにも夫婦の仲のよさがしのばれるのである。

史家の中には、この賢婦人が常に側にいたからこそ氏真は、自分の能力以上の背伸びは止《や》めにし、戦国武将として生きる道を捨て、ただ一人の女性を生涯愛し続けようと胸に誓ったのではないかという。だからこそ、もとは家来筋だった家康に膝を屈することも仇敵信長の御機嫌をとることも厭《いと》わなかったのだ。

武家の名門としての矜持《きょうじ》を貫いたまま若くして死んでいった武田勝頼と比べると実に対照的な氏真の生き方である。戦国武将の中にもこんな男がいたことを記憶にとどめておきたい。

信長を裏切った別所氏が凄惨な最期をむかえるまでの経緯

▼草木はもとより人肉まで食らう

一口に城攻めと言っても、正攻法の力攻めから、水攻め、火攻め、頭を使った調略戦などいくつかある。なかでも時間こそかかるものの守備側の戦意を根こそぎ奪ってしまう無慈悲な戦法とされているのが、食料補給を断つ兵糧《ひょうろう》攻めである。

戦国時代の数多《あまた》ある攻城戦のなかで、二大兵糧攻めと言われるのが、「三木《みき》の干殺《ほしごろ》し」と呼ばれた「三木合戦」と、そのすぐ後に起こった、「鳥取の渇殺《かつえごろ》し」と呼ばれた「第二次鳥取城攻め」である。いずれも城攻めの名人と称され、当時は織田信長《おだのぶなが》の家来だった羽柴《はしば》（豊臣《とよとみ》）秀吉《ひでよし》が攻城側の指揮をとった戦いである。

本稿ではこのうち、三木合戦を取り上げてみたい。この合戦で秀吉が指揮する織田軍に攻められたのが、播磨《はりま》国（兵庫県南西部）美嚢《みのう》郡三木にあった三木城である。城主は別所長治《べっしょながはる》。別所軍は織田の大軍に囲まれ、最後は、草木はもとより餓死した仲間の人肉まで食らうという地獄のような飢えに苦しみながらもよく耐えたが、籠城《ろうじょう》二十二カ月めにしてついに降伏した。長治は妻子兄弟とともに自害し、ここに戦国大名としての別所氏は滅んだのである。

ところで、戦国史ファンの間で長年の謎となっているのが、別所長治はなぜ織田信長から離反したのか、という点だ。この三木合戦が起こる直前まで別所氏は織田の配下にあった。それなのになぜ長治は、天下統一を目前にした信長を裏切るという大胆な行動に出たのであろうか。そのあたりの謎に迫った。

▼成り上がりの秀吉に一蹴される

別所氏は、播磨国守護赤松《あかまつ》氏の流れをくむ名族だ。中興の祖則治《のりはる》が赤松政則《まさのり》から東播磨八郡の守護代に任命され三木に城をかまえたのは一五世紀末期のことである。信長の配下となったのは、長治の父で武勇の誉れ高かった安治《やすはる》の代であった。

長治が家督を継いだのは十三歳と若い。父安治の病死によるもので、このころの別所氏は主家筋にあたる赤松氏をしのぐほどの勢力を誇っていたという。

天正《てんしょう》三年（一五七五年）十月、十八歳になった長治は信長に謁見《えっけん》し、あらためて別所氏として信長に臣従を誓う。以来、その誓約通り長治は、信長が起こした合戦に唯々《いい》諾々《だくだく》として参陣している。

そんな良好だった両者の関係に亀裂が生じたのは、長治の家督相続以来の後見役であった叔父《おじ》の別所吉親《よしちか》が、家老の三宅治忠《みやけはるただ》を伴い長治の名代《みょうだい》として、中国攻めのさなかにあった秀吉と加古川城で軍評定《いくさひょうじょう》に臨《のぞ》んだことが発端だった。天正六年三月七日の出来事という。

この席で三宅治忠が別所家代々の軍法について滔々《とうとう》と語ったが、聞いていた秀吉はいかにも不興げな表情でそれを途中で遮り、

「そなたたちはただわしの手足となって動いてくれたらそれでよい」

と、尊大な態度で決めつけた。別所吉親と三宅治忠の二人は憤懣《ふんまん》やるかたない思いで三木城へ帰ったことが、軍記物語『別所長治記』に記録されている。播磨の名門一族が、信長ならまだしも成り上がりの秀吉に軽く一蹴され、余程悔しかったに違いない。

▼意気盛んな籠城軍だったが…

長治は叔父吉親の説得に押しきられる形で、信長からの離反を決断する。日をおかず、その噂を聞いて東播磨一帯の周辺勢力が続々と同調し、三木城に集まってきた。なかには、信長を嫌う一向宗徒も大勢含まれていたという。

なお、長治が織田に叛旗《はんき》を翻《ひるがえ》した際、吉親の弟で同じ長治の後見役であった別所重宗《しげむね》（重棟とも）は長治と袂《たもと》を分かち、織田方に与《くみ》している。つまり、長治にとってはかけがえのない二人の叔父が敵と味方に分かれてしまったのである。

これは、長治を囲んで別所家の主だった者たちが、織田と毛利のいずれに味方したほうが得策かで意見を戦わせ、決めかねていたのを秀吉が察知し、織田につくことを主張した重宗を密《ひそ》かに抱き込んだものと考えられている。

史料によっては、秀吉に逆らった別所吉親を貶《おとし》めていたり、長治に背《そむ》いた別所重宗を佞人《ねいじん》と決めつけていたり、その人物評価は正反対だが、これはどちらの視座でそれを書いたかによって変わるため、仕方のないことだろう。

いずれにしろ、こうして別所長治以下八千の別所軍が立て籠もる三木城に対し、秀吉軍約三万の包囲が始まったのは、天正六年三月二十九日のことだった。

当初こそ籠城軍の意気は盛んで、時機をとらえては城から打って出て縦横無尽に暴れ回った。堪《たま》り兼ねた秀吉は三木城への力攻めをいったん中止し、周囲の神吉城《かんきじょう》や志方城《しかたじょう》、高砂城《たかさごじょう》などの攻略に方針転換を図る。これら別所方の諸城を落とすことで三木城への兵糧の補給路を断つ作戦だったのである。

▼この世の生き地獄を味わう

この作戦は見事に当たり、三木城の食料事情はみるみる悪化していった。しかも、狡猾《こうかつ》な秀吉は、別所方の諸城から逃げ出す敗残兵があえて三木城に駆け込むように仕向けたという。籠城兵が一人でも増えればそれだけ備蓄食料の消費が早まるからである。

もちろん毛利方では、三木城に兵糧を搬入しようと何度か突撃作戦を試みてはいたが、いずれも秀吉軍に阻《はば》まれ、失敗に終わっていた。籠城から一年がたった天正七年（一五七九年）の初夏には城内ですでに餓死者が出ていたらしい。

籠城軍は、牛馬を屠《ほふ》って食べ、さらに草の根や木の皮を剥《は》いでかじり、鼠《ねずみ》や蜥蜴《とかげ》まで口に運んだ。そして、それらも食べ尽くすと餓死した仲間の遺体にまで手を出したという。まさに、この世の生き地獄であった。

翌天正八年一月十四日、秀吉方から、城主一族の切腹と引き換えに生き残った将兵の助命を保障するという条件が出され、別所長治はこれを承諾する。その三日後、長治は秀吉から贈られた酒肴《しゅこう》で家族や諸将と別れの宴《うたげ》を開くと、従容《しょうよう》として死についた。まだ二十三歳（異説あり）だった。次の句が辞世である。

「今はただ　うらみもあらじ　諸人《もろびと》の　命にかはる　我身とおもへば」

▼信憑性が乏しい加古川評定

ところで、肝心の別所長治が信長と秀吉に叛旗を翻した理由だが、先に「加古川評定」のことをその理由としてあげた。しかし、そこには話を面白くしようとする作者の意図が感じられ、史家の間では信憑性《しんぴょうせい》に乏しいことが指摘されている。

では、それ以外の説をみてみると、直前の西播磨上月城《こうづきじょう》の戦いで女子供を二百人余も磔《はりつけ》にして敵への見せしめにするという秀吉が行った残虐な行為に対し義憤《ぎふん》を覚えたから、播磨国内には信長のことを天敵のように憎んでいた浄土真宗の門徒が多かったから、自分たちもいずれ何か理由をつけて信長に滅ぼされるのではないかという恐怖感から、別所吉親・重宗兄弟の確執《かくしつ》に振り回されたから——などがあがっている。ところが、いずれも決定打に欠けるという。

そこで、近年有力視されているのが、足利義昭《あしかがよしあき》の調略《ちょうりゃく》説だ。義昭はご存じ、室町幕府最後の将軍である。この三木合戦が始まったころの義昭というのは、信長によって京都から追放され、諸国を流浪しているさなかであった。

義昭は三木合戦の二年前には備後鞆《びんごとも》の浦《うら》（広島県福山市）に移り、毛利輝元《もうりてるもと》の庇護《ひご》を受けていた。このころの義昭は自らの京都復帰と信長包囲網を完成させることに心血を注いでおり、武田信玄はすでに鬼籍《きせき》に入っていたが、越後の龍こと上杉謙信《うえすぎけんしん》は健在で、この謙信をはじめ、武田氏や後北条氏、伊勢の北畠氏、近江の六角氏、信長の配下だった荒木村重《あらきむらしげ》など反信長派の有力大名に頻繁《ひんぱん》に御内書（手紙）を発給し、自分に味方するよう促していた。

▼筋目を通すことにこだわった？

別所長治もそんな義昭から御内書をもらった一人で、このときの義昭と毛利輝元の二人がタッグを組んで行った調略が成功し、長治は信長からの離反を決めたのだという。まさに義昭の信長憎しの執念が実を結んだのであった。

籠城のさなか、別所吉親が若い主君に向かい、奇襲作戦を提案したことがあったという。ところが長治は正攻法を主張して譲らなかった。奇襲を潔《いさぎよ》しとしないところに若さだけではない長治の性格の素直さや筋目を通すことにこだわる正義感の強さが表れているように思える。これは育ちのよさからくるものなのか本人の持って生まれた資質によるものなのかはわからないが、その性格の素直さは飾らない辞世からもうかがえよう。

そんな長治が、今は落ちぶれていても武家の棟梁《とうりょう》たる足利将軍から頼りにされた以上、これを輔《たす》けるのが臣下たる者の道であると考えたのではあるまいか。別所長治こそは戦国乱世にあっては希少な義の人——義将だったのかもしれない。

琵琶湖の水上交通を牛耳った〝湖賊・堅田衆〟の実像

▼延暦寺や信長と渡り合う

昭和三十九年（一九六四年）、東映から封切られたチャンバラ映画に『十兵衛暗殺剣』という傑作がある。なかでも主人公柳生《やぎゅう》十兵衛（近衛十四郎《このえじゅうしろう》）が、宿敵幕屋大休《まくやだいきゅう》（大友柳太朗《おおともりゅうたろう》）を追って琵琶湖《びわこ》に浮かぶ竹生島《ちくぶしま》に小舟で渡ろうとするところが見せ場の一つだ。

このシーンでは、下帯一本の身軽な姿で水中を自由自在に泳ぎ回る男たちが登場する。男たちは幕屋大休に加担する海賊ならぬ「湖賊」という設定だ。十兵衛の舟に音もなく近づくと、突然、水中から躍《おど》り上がり、十兵衛めがけて四方八方から手裏剣を投げつけたのである。まさに、柳生十兵衛、絶体絶命の窮地《ピンチ》――！

実はこの湖賊には実在のモデルがいたことをご存じだろうか。それこそが、その昔、琵琶湖の水運を牛耳った堅田衆《かたたしゅう》である。戦国時代には比叡山延暦寺《ひえいざんえんりゃくじ》や織田《おだ》信長《のぶなが》とも互角に渡り合うほどの威勢をふるったが、江戸時代に入ると突然没落してしまった。一体、琵琶湖の湖賊に何があったというのであろうか。

▼湖上水運の要港として発展

堅田は琵琶湖西南部にある町で、今日では滋賀県庁がある大津市に編入されている。町を歩くと「湖賊の郷《さと》」という観光用ののぼりも立っている。もっとも地元の人たちは「賊」という言葉を嫌い、「堅田衆」と呼んでほしいらしい。

琵琶湖は畿内と北国を結ぶ流通路として、古くから水運が盛んだった。それはもう、現代では考えられないくらい数多《あまた》の船が人や物をのせて毎日湖上を縦横に行き来した。そんななか堅田は琵琶湖最狭部の西岸に位置するという地理的要因から、すでに平安末期には琵琶湖を代表する要港として知られていたという。

琵琶湖の水運は、北岸の塩津港から湖を縦断して堅田まで物資を運ぶ「上り荷」と、その逆の「下り荷」が中心だった。上り荷では、日本海の海産物を集めて越前の敦賀《つるが》や小浜でいったん陸揚げし、塩津港や今津港まで運んでそこで再び

松尾芭蕉《ばしょう》も愛《め》でた琵琶湖を代表する景勝地・堅田の浮御堂《うきみどう》。

船積みした後、湖上を南北に突っ切って堅田で下ろし、それを京大坂の一大消費地へ届けた。一方、下り荷では、畿内周辺で生産された綿、着物、反物《たんもの》、醤油、酒、煙草《たばこ》などを積んで若狭方面へ運んだのである。堅田衆は「堅田船」と呼ばれる自前の船団を保有し、敵対する勢力には海賊行為も辞さないという荒々しさで名をはせた。それゆえ同業者などから「湖賊」と怖がられたのだろう。

▼延暦寺の襲撃を受け町を焼かれる

水運によって莫大な富を手にした堅田衆に対し、その時々の為政者《いせいしゃ》たちは、権力を笠に脅《おど》したり、あるいは甘言をもって懐柔しようとしたりして、なんとかその富の分け前にあずかろうとしたが、そのつど堅田衆は巧みに撥《は》ねつけていた。

このように戦国期を迎えるまでの堅田は、豊かで活気にあふれ、泉州《せんしゅう》堺と同様、町人による自治が認められた、いわゆる「自由都市」だったと考えられている。

そんな繁栄を謳歌《おうか》する堅田衆が突然の悲劇に見舞われたのは、戦国乱世の幕開けを告げる争乱と言われる応仁《おうにん》の乱が始まった翌年（応仁二年＝一四六八年）のことであった。

■中世の琵琶湖の水運

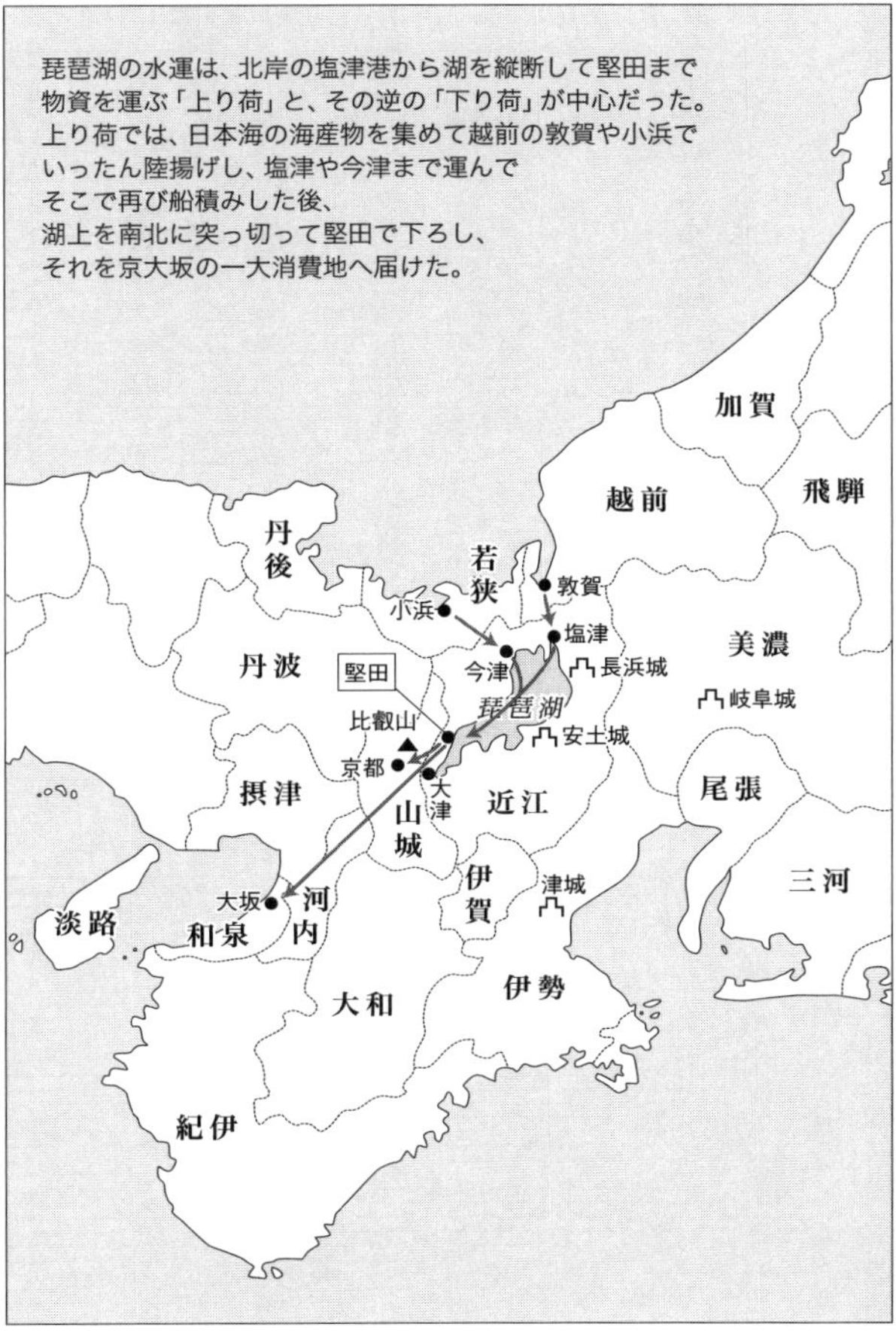
琵琶湖の水運は、北岸の塩津港から湖を縦断して堅田まで
物資を運ぶ「上り荷」と、その逆の「下り荷」が中心だった。
上り荷では、日本海の海産物を集めて越前の敦賀や小浜で
いったん陸揚げし、塩津や今津まで運んで
そこで再び船積みした後、
湖上を南北に突っ切って堅田で下ろし、
それを京大坂の一大消費地へ届けた。
加賀
越前
飛騨
丹後
若狭
敦賀
小浜
塩津
今津
長浜城
美濃
岐阜城
丹波
堅田
琵琶湖
比叡山
安土城
京都
摂津
大津
近江
尾張
山城
伊賀
津城
三河
大坂
河内
淡路
和泉
伊勢
大和
紀伊

室町幕府八代将軍足利義政《あしかがよしまさ》が木材の運搬を堅田衆に依頼した際、堅田衆側から法外な上乗せ金を要求されたのが発端だった。激怒した義政は、かねてより堅田衆と仲が悪かった延暦寺を焚《た》きつけ、堅田の町を襲撃させたのである。このときの襲撃で町はほぼ全焼してしまった。

その後、堅田は復興するが、やがて琵琶湖の水運に目をつけた新たな敵が堅田衆の前に立ちふさがった。織田信長である。この巨大な敵に対し、堅田衆は永年の交易相手であった関係から越前の朝倉氏につき、反織田を鮮明にした。すると信長は堅田に兵を送り込んできた。織田軍はすぐに町を制圧したが、そこを一向宗門徒《いっこうしゅう》らも加わった朝倉軍に攻められ、織田軍は壊滅状態となる。この「堅田の戦い」は元亀《げんき》元年（一五七〇年）十一月のことである。

▼存在感を失った堅田

こうして信長による堅田支配の野望は潰《つい》えたかのように見えたが、どっこい信長はしぶとかった。堅田衆の中に権力闘争があることを察知した信長は、現在の支配勢力に対し不満を持つ対抗勢力を抱き込むなどしてついに堅田が持つ水運権をわがものとする。堅田の戦いから二年後のことだった。

その後、信長の命によって堅田衆の重鎮《じゅうちん》の一人だった猪飼甚介《いかいじんすけ》（昇貞《のぶさだ》）が船奉行となり、琵琶湖の水運・漁業を統轄《とうかつ》した。こうして、信長の勢力下に入ったとはいえ、引き続き堅田衆は琵琶湖の支配者として君臨することができたが、やがてその影響力を根底から揺さぶる大事件が起こる。天正《てんしょう》十年（一五八二年）六月の本能寺の変である。

信長の後継者となった豊臣秀吉《とよとみひでよし》によって堅田衆は船奉行の要職を取り上げられ、堅田の土地も検地を受けるなどして自治権を失ってしまう。しかも、京都よりも大坂を重要視した秀吉は、琵琶湖の上り荷は堅田より南に位置する大津から直接大坂へ運んだほうが都合のよいことに気づき、大津港の整備に乗り出したのである。こうして堅田は存在感を失った。

さらに、江戸時代に入ると琵琶湖の水運自体が一気に衰退してしまう。面倒な積み直しをしなくても、北国の海産物などを大量に消費地まで直接船で運べる西回り航路が開拓されたからである。こうして平安期以来続いた琵琶湖の湖賊――堅田衆の繁栄に完全に終止符が打たれたのであった。

地震で一夜にして城もろとも滅亡した内ケ嶋氏一族の悲劇

▼日本列島が二つに折れてしまう?

地震大国ニッポン——。この南北に長い弧状《こじょう》列島は有史以前から実に多くの地震に見舞われてきた。記録に残る最初の大地震とされるのが、『日本書紀』に記された、「白鳳《はくほう》地震」(飛鳥《あすか》時代の六八四年、「天武《てんむ》地震」とも呼ばれる)で、今日で言うところの南海トラフ巨大地震と推定されている。

有史以来、日本で起こったマグニチュード六・一以上と推定される大地震の回数を調べると、三百回を超えていることがわかった。これはほぼ五年に一回のペースで日本のどこかで大地震が起きた計算になるという。

戦国時代にも大きな地震は何度か起こっている。その最たるものが、マグニチュード八以上と推定される「天正《てんしょう》大地震」である。なにしろ日本海側の富山湾から太平洋側の三河湾にまで被害は及び、日本列島がこのあたりでぽっきりと二つに折れてしまうのではないかと思わせるほどの大被害をもたらしたのである。

このときの地震によって、一夜にして城もろとも城主一族や城下町、住民までもが土に埋まって跡形もなく消失してしまうという悲劇も起きていた。それこそが飛騨白川郷《ひだしらかわごう》の帰雲城《かえりぐもじょう》の悲劇である。そんな前代未聞の悲劇が、なぜか今日の名古屋の発展につながったという――。

▼城や城下町の場所さえも未詳

帰雲城の城主内ケ嶋《うちがしま》氏は、もともとは足利《あしかが》幕府に仕《つか》えていたとされる。寛正《かんしょう》五年（一四六四年）ごろに八代将軍義政《よしまさ》の命を受けた内ケ嶋為氏《ためうじ》が、信州松代《まつしろ》から飛騨の白川郷に移り住んだという。

白川郷は、陸の孤島とも称される山間の僻地《へきち》であるため、米栽培はほとんど期待できなかったが、滅亡するまでの約百二十年間、内ケ嶋氏は初代為氏から雅氏《まさうじ》、氏利《うじとし》、氏理《うじまさ》と四代にわたってそれなりに発展を続けてきた。

内ケ嶋氏の居城帰雲城は、白川郷の奥、標高千六百二十二メートルの帰雲山の山腹、もしくは山麓にあったとされているが、詳しい位置は未詳。山麓には富山湾に向かって流れる一級河川庄川《しょうがわ》が横たわっているが、城はこの川の左岸なら低地、右岸なら山腹にあったことになるという。

いずれにしろ、最盛期にはこの帰雲山の裾野に三百余戸の民家で構成された千人以上が生活する繁華な城下町が存在していたことだけは確かである。

内ケ嶋氏四代の発展を支えた経済の源は、地下資源にあったとされている。この白川郷の地下には火薬の原料となる焔硝《えんしょう》が豊富に埋まっており、代々の内ケ嶋氏はそれを採掘する技術に長《た》けていたという。

一説に、白川郷周辺には金山や銀山があり、それが富の源泉になったとされているが、この内ケ嶋氏時代にここから金や銀が産出されたという記録はない。そうした記録が現れるのは江戸時代に入ってからである。

▼祝宴の直前、それは起こった

天正十三年（一五八五年）閏《うるう》八月、天下取りに邁進する豊臣秀吉《とよとみひでよし》から派遣された金森長近《かなもりながちか》が、飛騨高山の松倉城を落とし、飛騨を平定する。このとき白川郷の領主、内ケ嶋氏理は同盟関係にあった、秀吉と対立する佐々成政《さっさなりまさ》を援護するため越中《えっちゅう》富山に出陣していたが、松倉城が落ちたことを知るや、秀吉の軍門に降《くだ》ることを決意する。

氏理は高山に駐屯《ちゅうとん》する金森長近のもとへ伺候《しこう》すると、恐る恐る帰順を願い出る。首を取られることも覚悟していた氏理であったが、なぜか願いは聞き入れられる。これはおそらく、内ケ嶋氏を殺すことは簡単だが、代々受け継いだ焔硝の採掘技術をここで絶やすのは勿体《もったい》ないと秀吉が判断したからであろう。

所領を安堵《あんど》された氏理は、ほっと胸をなでおろしながら帰途についたことは想像に難くない。氏理は居城帰雲城に戻ると、よほどうれしかったのか、領民ぐるみの盛大な祝宴を計画する。そして、その祝宴を翌日に控えた天正十三年十一月二十九日夜半（一五八六年一月十八日）、それは起こった。

低く低く不気味な地鳴りが始まったかと思った次の瞬間、天地が逆転したかのような大地震が白川郷一帯を襲ったのである。帰雲山は山体崩壊し、それが土石流となって庄川の流れを巻き込みながら、城と城下町をたちまちのうちに飲み込んでしまった。季節は真冬である。おそらくは土石流と雪崩《なだれ》が合体した想像を絶する大規模な山崩れであったに違いない。千人以上の住民はほぼ全滅状態であった。

▼秀吉、尻に帆をかけ大坂へ

こうして帰雲城と内ケ嶋氏一族、その城下町と住民は地上から煙のように消失してしまった。城下町があったと思われる場所には砂礫《されき》まじりの荒涼とした大地が広がっているばかりであった。この地下に、千人を超える人々の営《いとな》み——泣き笑いがついきのうまで当たり前のように繰り返されていたとはだれが想像できたであろうか。

このときの地震により、美濃《みの》の大垣城は全壊した。近江《おうみ》の長浜城もほぼ全壊状態で、このとき城にいた山内一豊《やまうちかつとよ》の六歳になる一人娘が即死している。

このころの豊臣秀吉は四国地方を平定したばかりで、まだ「羽柴《はしば》」を名乗っていた時代だ。いわば天下統一事業の真っただ中にあった。この天正大地震が起こったとき秀吉は近江大津に滞在していたが、予定をすべて取り止め、尻に帆をかけ築造したばかりの大坂城に逃げ帰ったと宣教師ルイス・フロイスが証言している。

秀吉はこのときの地震が余程怖かったらしく、のちに伏見城を築く際、普請《ふしん》奉行を命じた京都所司代前田玄以《まえだげんい》に対し、次のような手紙を送っている。

「ふしみのふしん、なまつ大事にて……」

なまつとは鯰《なまず》のことで、当時は地震を引き起こす張本人と信じられていた。つまり秀吉は、築城にあたっては地震対策を万全にせよ、と言っているのである。

▼清洲を捨て名古屋へ大移動

それはさておき、この帰雲山の山崩れによって城下の住民はほぼ全滅したと述べたが、記録によると生き残った者が四人いたという。いずれも地震が起こったときはたまたま城下を離れていて助かったらしい。

一人は内ケ嶋氏理の実弟で経聞坊《きょうもんぼう》という僧侶だ。経聞坊はのちに『経聞坊文書』を著《あらわ》し、被害の様子を後世に伝えた。さらに、生存者の中には内ケ嶋氏の一族で、山下氏勝《やましたうじかつ》という人物もいた。

白川郷で生まれ育った氏勝は、数えの十九歳で天正大地震に遭い、のち徳川《とくがわ》家康《いえやす》に仕官した。秀吉が行った小田原の役《えき》では徳川軍の先鋒をつとめたほどの名誉の武将であった。その後、家康に忠勤ぶりが認められ、徳川義直《よしなお》（家康の九男、尾張《おわり》藩の藩祖）の傅役《もりやく》（養育兼教育係）となる。

慶長《けいちょう》十七年（一六一二年）、家康の命令で名古屋の熱田台地に築いた新城（名古屋城）の完成に伴い、清洲《きよす》から名古屋への都市まるごとの移転が始まる。これは武士や町人をはじめ、神社仏閣のほとんどすべてが清洲から名古屋に移転するという前代未聞の大引っ越しだった。これを「清洲越し」という。

移転の理由だが、大坂に残る豊臣氏の勢力に対抗するための措置だった。川沿いの低地にあった清洲城はたびたび水害に遭っており、天正大地震で受けた液状化による被害も深刻だった。このままでは豊臣勢力に包囲され、いったん水攻めでも受けた場合、とてももちこたえられないと家康が判断したからだった。また、清洲の城下が狭いことも難点だったという。

▼名古屋発展の大恩人

実は、この清洲から名古屋への都市の移転計画を家康に進言した人物こそ、徳

白川村・保木脇《ほきわき》に建つ「帰雲城趾」の石碑。

川義直の傅役、山下氏勝であった。このとき氏勝は四十歳ごろとみられる。

地盤がしっかりした熱田台地なら地震に強く、水害に見舞われることもない。土地が平坦で新たに城を築き城下町を整備するのに最適で、大軍も動かしやすい。位置的にもここ名古屋は西より攻め来る豊臣勢を迎え撃つのにまたとない場所である――そう言って家康を説得したという。この氏勝の進言によって心を動かされた家康はこのたびの一大移転計画に踏み切ったのであった。

十九歳の若さで、一夜にして家族も友人・知人も家屋敷さえもすべて失ってしまうという悲惨極まりない体験をした氏勝だからこそ、普段から地震や地盤について自分なりに研究していたのではないだろうか。だからこそ、自信をもって家康に名古屋という土地を推薦できたのである。

このときの家康への進言がなければ、今日の名古屋はなかったかもしれないのだ。まさに、山下氏勝こそは名古屋発展の大恩人と言ってよいだろう。

2章

謎の「一族」から読み解く
もうひとつの日本史

北条氏に二度も滅ぼされた三浦氏の不幸とは？

▼一族五百人余が頼朝の御影の前で全員自害

日本史上、同じ相手に二度も滅ぼされた不幸な一族があった。同じ相手とは言っても正確には、鎌倉時代に登場した執権北条《しっけんほうじょう》氏と戦国大名の後北条氏だから、両者に血のつながりはないのだが、こうした偶然はなかなか起こるものではない。

その北条氏に滅ぼされた側の一族だが、相模《さがみ》国（現在の神奈川県の大部分）三浦の地を治めていた三浦氏である。全盛期には三浦半島だけにとどまらず、国司《こくし》や守護《しゅご》任国、所領などで一族の影響力は東北一帯から九州にまで全国津々浦々におよぶほどだった。

そんな三浦氏の最初の滅亡だが、執権北条氏に攻められ源頼朝《みなもとのよりとも》を祀《まつ》る法華堂《ほっけどう》に逃げ込んだ一族五百人余が、頼朝の御影《みえい》の前で全員自害を遂げるという壮絶なものだった。それから約二百七十年後に、今度は後北条氏の礎《いしずえ》を築いた戦国の風雲児・北条早雲《ほうじょうそううん》によって三浦一族は二度目の滅亡を迎えている。

一体、なぜこんなことが起こったのだろうか。それぞれの滅亡の顚末《てんまつ》を追いながら、三浦氏の興亡の歴史をたどった。

▼御家人筆頭として権勢をふるう

三浦氏は、桓武《かんむ》天皇の孫、もしくは曾孫《ひまご》とされている高望王《たかもちおう》の子孫という。その高望王から数えて六代目の平為通《たいらのためみち》が、天喜《てんぎ》四年（一〇五六年）の「前九年の役《えき》」で源頼義《みなもとのよりよし》にしたがい、戦《いくさ》で功を立てたことから相模国三浦を与えられ、初めて三浦姓を名乗った。つまり、三浦為通は三浦氏の初代ということになる。

治承《じしょう》四年（一一八〇年）に源頼朝が伊豆で挙兵した際には、四代目の三浦義明《よしあき》は一族をあげて頼朝に加担した。この義明という人は長命で、亡くなったのは八十九歳。それも戦死だった。

五代義澄《よしずみ》は頼朝政権を支える宿老《しゅくろう》の一人となり、平氏や奥州合戦にも参戦して武功をあげた人物。頼朝が亡くなると、北条義時《よしとき》や大江広元《おおえのひろもと》らとともに幕府の最高意思決定機関である、宿老十三人からなる合議制の構成員（のちに評定衆《ひょうじょうしゅう》と呼ばれる）の一人となる。とりわけ、北条氏と三浦氏は双璧で、北条氏は頼朝の外戚《がいせき》、三浦氏は御家人筆頭として幕府内で大きな権力をふるった。

ところが、両雄が同じ土俵に並び立つことはやはり無理だった。義澄の次の義《よし》村《むら》の代を経て、義村の子の泰村《やすむら》、光村《みつむら》兄弟が登場するようになると三浦氏の権勢は北条氏のそれを凌《しの》ぐまでに巨大化したため、危機感を抱いた北条氏は三浦氏討伐《とうばつ》の機会をうかがうようになる。

▼火災の煙を避けるため法華堂へ

それは、突然起こった。執権北条時頼《ときより》の命を受けた、幕府の有力御家人だった安達景盛《あだちかげもり》の軍勢が、鶴岡八幡宮そばにあった三浦泰村邸を急襲したのである。宝《ほう》治《じ》元年（一二四七年）六月五日未明のことだった。

奇襲を受けた泰村側は、周辺から一族が救援に駆け付けたこともあって昼過ぎまでなんとか持ちこたえたが、敵が隣家に火をつけたことから、一気に形勢は三浦氏側に不利なものとなった。天を覆うばかりの黒煙があたりに充満したため、泰村勢はその煙を避けて敷地内にあった、源頼朝を祀る法華堂へとわれ先に逃げ込んだ。これが失敗だった。

法華堂を安達景盛の軍勢にぐるりと取り囲まれ、進退窮まった三浦泰村、光村兄弟以下一族五百人にはもはや残された道は一つだった。こうして一族全員が自害して三浦氏は滅んだのである。

この「宝治合戦」以降、北条氏の権力はいよいよ強まり、その後の幕府政治は合議制に基づく執権政治から、北条氏嫡流《ちゃくりゅう》の当主得宗《とくそう》（幕府の事実上の最高権力者）による専制政治へと移行していくことになる。

▼浮き沈みの激しい一族

いったんは滅亡したかに見えた三浦氏だったが、宝治合戦では北条方についた三浦氏の傍流《ぼうりゅう》、佐原《さはら》氏一族の三浦盛時《もりとき》によって再興がかなう。しかし、その後の三浦氏は北条得宗の一被官でしかなく、かつての勢いとは比ぶべきもなかった。

建武《けんむ》二年（一三三五年）に起こった内乱「中先代《なかせんだい》の乱」では、盛時から数えて四代目の時継《ときつぐ》は北条方に、その子高継《たかつぐ》は足利尊氏《あしかがたかうじ》方に属して戦った。合戦は尊氏方の勝利で終わり、このときの活躍が認められ、高継は相模国守護に任じられる。
その後、足利尊氏・直義《ただよし》兄弟による争い「観応《かんのう》の擾乱《じょうらん》」が起こると、高継の子高通《たかみち》は直義方に加担する。ところが尊氏方が勝利したことから、高通は守護職を剥奪《はくだつ》され、追放の憂《う》き目に遭う。一時は没落したものの、直義方の有力者だった上杉憲顕《うえすぎのりあき》が赦《ゆる》されたのにあわせ、高通は相模国守護に復帰を果たしている。

まさに、浮き沈みの激しい一族だが、まだまだこんなものではない。その後も三浦氏は「上杉禅秀《うえすぎぜんしゅう》の乱」で再び相模国守護を奪われたりしている。関東における戦国時代突入の端緒《たんしょ》になった戦いと言われる「享徳《きょうとく》の乱」に始まる関東の争乱では、三浦時高《ときたか》（高通から数えて四代目）が登場し、扇谷《おうぎがやつ》上杉家に味方したことが幸いして三浦氏は相模国内で勢力を拡大することに成功する。

▼難敵伊勢宗瑞が立ち塞がる

三浦時高は嗣子《しし》に恵まれなかったため、扇谷上杉持朝《もちとも》の二男高救《たかひら》を養子とする。ところが、その後、時高に実子高教《たかのり》が誕生すると、時高はわが子かわいさから高救とその子義同《よしあつ》（のちに出家して道寸《どうすん》）を追放してしまう。

これに怒った高救・義同父子《おやこ》は明応《めいおう》三年（一四九四年）九月、三浦半島の南端近くにあった時高の居城新井城《あらいじょう》を攻め、時高と高教を殺害してしまう。そして、義同は三浦氏の家督をわがものとしたのであった。

その後、相模国で着実に支配圏を広げる義同だったが、やがて思わぬ敵がその前に立ち塞がった。伊豆の伊勢宗瑞《いせそうずい》（のちの北条早雲）である。明応二年に電光石火の早業で伊豆討ち入りを成功させ、一躍戦国乱世の国取り合戦に名乗りをあげた油断のならない人物であった。

永正《えいしょう》九年（一五一二年）八月、岡崎城《おかざきじょう》（平塚市）にいた義同は宗瑞の大軍に攻められ、住吉城《すみよしじょう》（逗子《ずし》市）へと逃《のが》れる。しかし、ここも宗瑞軍に攻撃され、義同は三浦半島を南へ南へと走り、最終的にわが子義意《よしおき》が守備する新井城に駆け込んだ。

宗瑞にとって義同はいまや、袋小路に追い詰められた老いた猪《しし》も同然で、逃げ場はもうどこにもなかった。

しかし、新井城は三方を海に囲まれ、「巌険阻《いわおけんそ》にして、獣もかけ登り難し」と称されたほどの要害に立つ難攻不落の城だった。そこで宗瑞は力攻めを避け、じつくり持久戦に出ることにした。

▼義同の戦国武将らしい潔い辞世

結局、三浦義同・義意父子はこの新井城に籠《こも》って三年間ももちこたえた。それは、城が堅固だったことに加え、義同に味方する三浦水軍の存在が大きかった。三浦水軍は、海から新井城に上陸しようとこころみる宗瑞軍を邪魔したり、海から城に兵糧を補給したりしてなにかと義同父子を支えたのであった。

ところが、それも限界がある。多勢に無勢で、ついに城は落ちる。最期を覚悟した義同は、八十五人力をうたわれた豪傑息子の義意や家来とともに城門を開いて敵陣に突入し、さんざんに暴れ回った後、ころあいをみて城に戻り、主従そろって壮絶な自害を遂げた。義同は享年六十六（異説あり）。

豪傑義意の最期の様子は、『北條五代記《ほうじょうごだいき》』にこう表現されている。

「義意は、身は朽《く》ちても頸《くび》は死なず、と大音声《だいおんじょう》を発し、自ら首を掻《か》き切った。その顔つきは牙をむき眼《まなこ》は逆さに裂《さ》け、眼光は百錬の鏡に血を注ぎたるが如し……」

軍記物語だけに、かなり大袈裟《おおげさ》な描写である。なお、義同のいかにも戦国武将らしい、潔い辞世が伝わっている。

「討《う》つ者も　討たれる者も　土器《かわらけ》よ　砕《くだ》けてのちは　元の土塊《つちくれ》」

このとき討ち死にした三浦家主従の遺体によって城周辺の港の海面が血で真っ赤に染まり、油を流したようになったことから、このあたりが「油壺《あぶらつぼ》」と呼ばれるようになったと言われている。

▼落城の直前に城を脱出した人物とは

こうして三浦氏は、またも北条氏によって滅ぶことになった。一説に、落城の直前に義意の弟時綱《ときつな》が城を脱出して房総の里見《さとみ》氏を頼り、正木《まさき》姓を名乗ったという。のちに子孫は徳川氏に仕官した際、姓を三浦に復し、紀伊《きい》家の重臣として明治維新まで血脈を伝えたと言われている。

なお、新井城が落ち、義同が自害したのは永正十三年（一五一六年）七月十一日のことだ。七十四年後の同日、宗瑞（早雲）の曾孫《ひ》氏政《うじまさ》が豊臣秀吉《とよとみひでよし》が行った小田原征伐《せいばつ》によって自害させられており、これによって戦国大名としての後北条氏は滅んだ。これも不思議な因縁と言わざるを得ない。

西国の雄・尼子氏が終焉をむかえるまでに起きた出来事

▼最盛期には山陰・山陽八カ国を領土に

戦国時代、出雲《いずも》を本拠とし、最盛期には山陰・山陽十一カ国のうち八カ国を領有した一族がいた。尼子《あまご》氏である。それまでは宇多源氏《うだげんじ》の流れをくむ京極《きょうごく》氏が治める一地方の守護代《しゅごだい》（代官）でしかなかった尼子氏を、一気に戦国大名へと押し上げた傑物がいた。尼子氏四代目の尼子経久《つねひさ》がその人。

経久は、同じ中国地方の守護大名である周防《すおう》（山口県東部）の大内氏と争いを繰り広げながら、のちの尼子氏発展の礎《いしずえ》を築いた人物である。この経久の跡を継いだ孫の晴久《はるひさ》も祖父に劣らない器量の持ち主で、先述した山陰・山陽八カ国を領土としたのはこの晴久の代である。

ところが、晴久から息子の義久《よしひさ》に引き継がれると、途端に尼子氏の頭上には暗雲が立ちこめ始める。新興勢力である安芸《あき》（広島県西部）の毛利《もうり》氏の台頭によって次々に領土を蚕食《さんしょく》され、最後は居城の月山富田城《がっさんとだじょう》に立て籠ったところを兵糧《ひょうろう》攻めに持ち込まれ、義久は降伏。こうして中国地方に一大帝国を築き上げた尼子氏は滅んだのである。

この尼子氏の滅亡に関して、毛利氏の台頭よりも内部崩壊によって尼子氏は滅んだのだ、とする説があることをご存じだろうか。それは一体どういうことなのか。そのあたりを検証してみた。

▼息子と争うことになった経久

尼子氏四代目の経久は戦国時代に下剋上《げこくじょう》を成し遂げた典型的な武将だ。「謀将」あるいは「謀聖」とも称され、同じ中国地方の毛利元就《もとなり》や宇喜多直家《うきたなおいえ》らと並ぶ謀略の天才であった。

京極氏から独立し、守護大名の座にまで駆け上がるのは並大抵の苦労ではなかった。たとえば、経久が事実上の守護大名になって二十年ほどたってから「塩冶《えんや》興久《おきひさ》の乱」という内紛が起こっている。

塩冶興久とは経久の三男で、若くして出雲西部の名族塩冶氏に養子に入っていた。その興久が享禄《きょうろく》三年（一五三〇年）、実父経久に対し叛乱を起こしたのである。経久七十三歳、興久三十四歳のときであった。塩冶氏は鎌倉幕府時代には出雲の守護を務めており、さらに室町幕府時代に入ると幕府奉行衆として「守護《しゅご》不入《ふにゅう》」の特権を持ち、出雲西部で大きな勢力を誇っていた。

そこへ、経久が現れ、自分の息子（興久）を押し付けてきたばかりか、塩冶氏が持つ既得権益を横取りしようとしたため、一族の宿老《しゅくろう》たちが一斉に立ち上がり、周辺の国人領主（土豪）たちを味方につけ、経久に叛旗を翻《ひるがえ》したのだった。宿老たちからの突き上げによるものであろうが、わが父に刃向かうことになった興久の気持ちは複雑だったに違いない。

この反乱は天文《てんぶん》三年（一五三四年）、経久によって鎮圧され、興久は自害した。経久は自分のもとに送られてきた、塩漬けにされた息子の首を見て、しばらくは魂が抜かれたごとく呆然としていたという。経久はきっと、父子《おやこ》でありながら争うことになってしまった自らの運命を呪ったに違いない。

その後、興久の遺領は経久の次男の尼子国久《くにひさ》が継いだが、このことがのちの尼

■尼子氏略系図

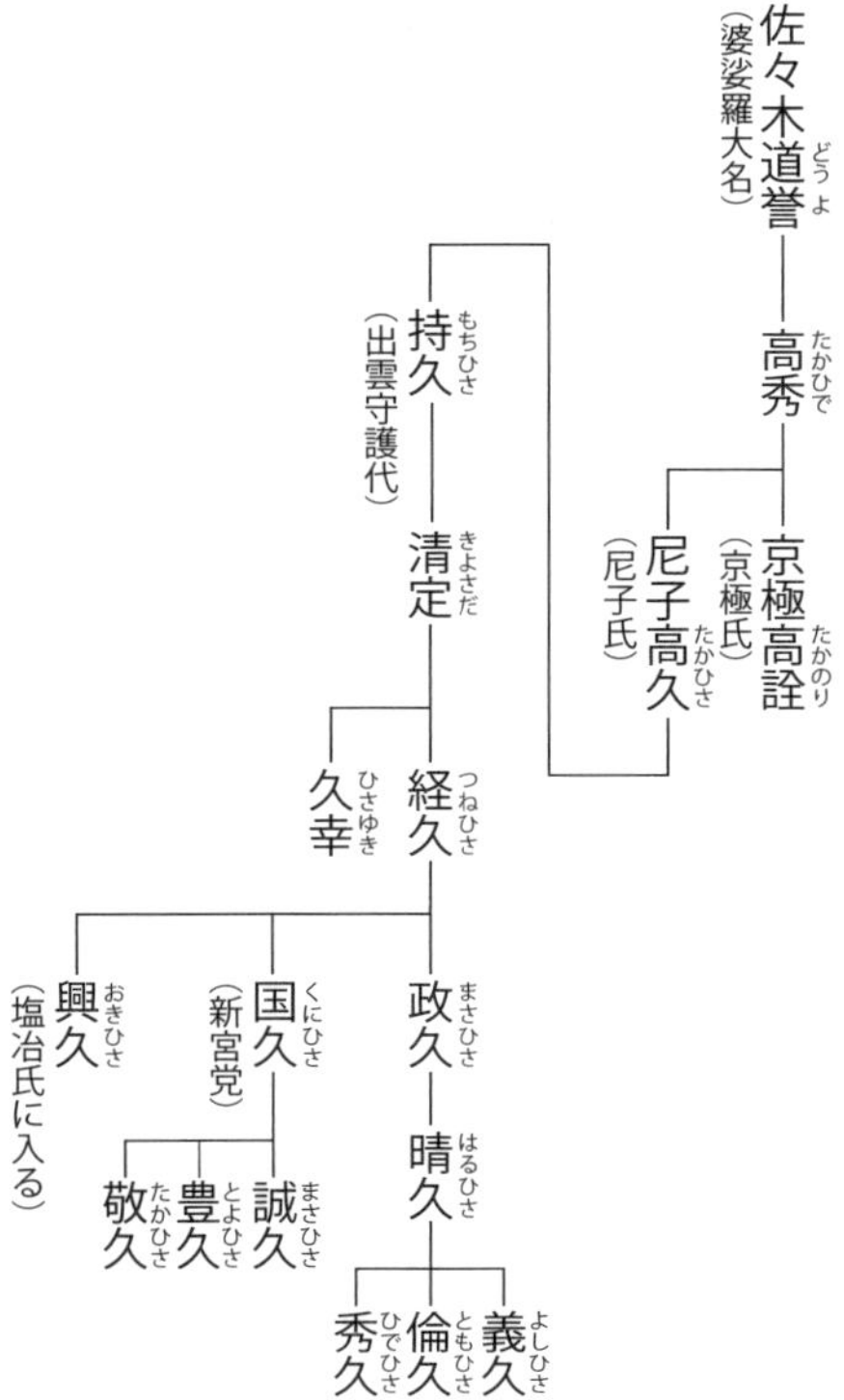
佐々木道誉《どうよ》
（婆娑羅大名）
高秀《たかひで》
京極高詮《たかのり》
（京極氏）
尼子高久《たかひさ》
（尼子氏）
持久《もちひさ》
（出雲守護代）
清定《きよさだ》
経久《つねひさ》
久幸《ひさゆき》
政久《まさひさ》
国久《くにひさ》
（新宮党）
興久《おきひさ》
（塩冶氏に入る）
晴久《はるひさ》
誠久《まさひさ》
豊久《とよひさ》
敬久《たかひさ》
義久《よしひさ》
倫久《ともひさ》
秀久《ひでひさ》

子氏の命運を大きく左右することになる。

▼尼子氏、周防の大内氏を撥ね返す

天文六年、経久は家督を孫の晴久に譲る。このとき晴久二十四歳。本来なら晴久の父で経久の嫡男政久《まさひさ》が尼子氏の総領となるはずであったが、政久は永正《えいしょう》十五年（一五一八年）の出雲阿用城攻めで戦死していたため、経久にとって嫡孫《ちゃくそん》に当たる晴久が世嗣《せいし》に指名されたのだった。

晴久は経久の期待に応え、備中をほぼ手中に収めると、備前《びぜん》、美作《みまさか》、播磨《はりま》と東へ勢力を拡大、尼子氏は絶頂期を迎えるのであった。そんな晴久を頼もしげに見守っていた経久が亡くなったのは天文十年（一五四一年）のことで、八十四歳という長命だった。

経久が亡くなった翌年、いまが好機と考えた周防の大内義隆《よしたか》が、一万五千の大軍を率いて出雲に攻め込んできた。

これに対し晴久は籠城《ろうじょう》戦で迎え撃った。義隆は二カ月半にわたり、何度も攻めかかるが、ことごとく撥ね返された。さすがは天下に聞こえた堅城、月山富田城であった。そのうち、大内氏に加担していた国人たちが、義隆の無策ぶりに愛想を尽かし、続々と離脱したため、義隆は仕方なく周防に引き返すのであった。

尼子氏と大内氏との間で繰り広げられたこの「第一次月山富田城の戦い」は、まさに尼子氏側の完勝であった。

▼支城を次々に攻略してから本城へ

天文二十年（一五五一年）、大内義隆が家臣の陶隆房《すえたかふさ》の謀叛《むほん》によって殺される。その隆房を滅ぼしたのが、毛利元就であった。このときの「厳島の戦い」（弘治《こうじ》元年＝一五五五年）は、謀将の本領発揮ともいうべき元就会心の一戦であった。

大内氏の旧領をわがものとし、西国の雄となった元就。次に狙いを定めたのが、出雲の尼子氏だった。尼子氏を潰《つぶ》せば中国はほぼ手中にしたも同然だった。

こののち、尼子の領内に毛利軍がちょっかいを出し、それを尼子軍が追い払うという構図が続いたが、そんなさなかに尼子晴久が脳溢血《のういっけつ》で急死する。西国一の大大名となった男も病には勝てなかった。永禄《えいろく》三年（一五六〇年）十二月のことで、享年四十七。家督は嫡男の義久、二十一歳が継いだ。

元就は、この好機を逃してはならじと、永禄五年七月初旬、出雲への本格的な侵攻を開始した。「第二次月山富田城の戦い」の始まりである。老獪《ろうかい》な元就は、すぐに相手の本城である月山富田城に攻めかかるようなことはせず、同城を堅城たらしめている周囲にちらばる支城——通称尼子十旗《あまごじっき》の攻略から始めた。

こうして元就は尼子十旗を次々に陥落させると、いよいよ月山富田城を包囲した。ここで元就が選んだ戦法は兵糧攻めであった。戦《いくさ》が始まって一年半がたった永禄九年（一五六六年）十一月、ついに義久は開城降伏を決意し、三百人余りにまで減ったやせ衰えた家臣とともに城を出て、元就の前に膝を屈したのである。ここに戦国大名としての尼子氏は滅亡した。義久は出家し、七十一まで生きた。

▼一枚岩ではなかった尼子の勢力

さて、一時は山陰・山陽十一カ国のうち八カ国を領有するほど旭日昇天の勢いにあった尼子氏が滅んだ要因について話を移すことにしよう。最初にふれたように、尼子氏は内部崩壊によって滅んだと言ってよいだろう。

経久、晴久と二代にわたり、旺盛な領土欲を持った支配者が続いたことで、尼

■尼子氏の全盛期（1555年ころ）の勢力図

全盛期の尼子氏の支配は、本拠である出雲、直轄地である伯耆、
隠岐のほか石見東部、美作、因幡、備後、備中、備前西部にまで及び、
西国を代表する一大勢力となった。

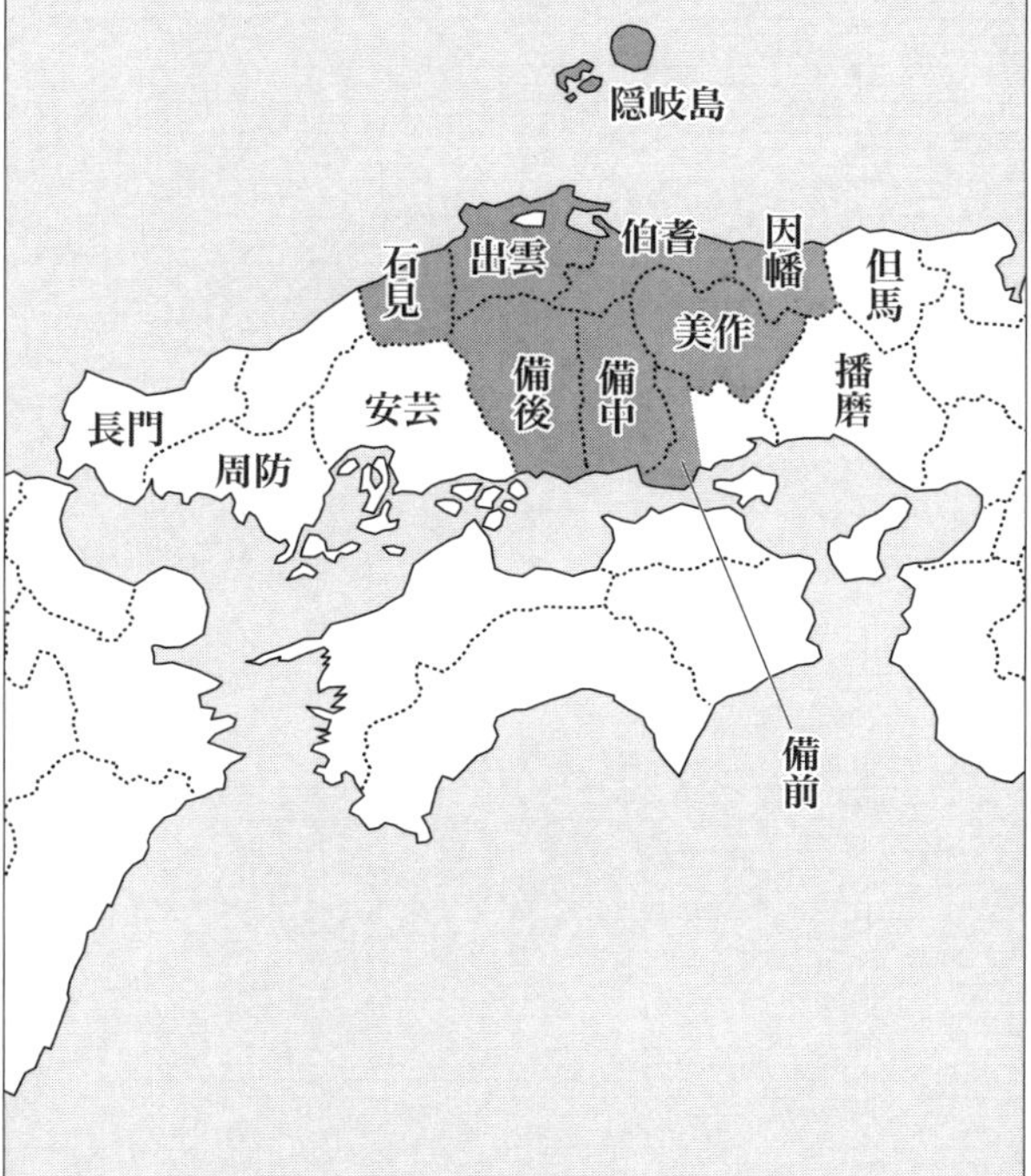

子氏は周辺の国人領主たちと争い事が絶えなくなった。二人とも短兵急に権力拡大を図ろうとしたため、どうしても土着の国人たちとの間で摩擦が生じてしまったのである。先述した塩冶興久の乱がその典型だ。

したがって、山陰・山陽で八カ国を領有したといっても、尼子氏の勢力はけっして一枚岩ではなかった。国人領主たちは新興勢力に等しい尼子氏に対し、一時は勢いに押されて服従したもののそれほどの忠誠心は持ち合わせておらず、隙あらばほかの勢力に鞍替えしようとつねに機会をうかがっていた。そのため、いったん尼子氏が斜陽の兆しを見せ始めると、彼ら国人領主たちは蜘蛛《くも》の子を散らすように離れて行ってしまったのである。

尼子氏が滅んだ要因のもう一つは、同じ内部崩壊でも国人領主たちではなく、同族との確執にあった。その同族とは、塩冶興久の乱の後、出雲西部を所有した尼子国久のことである。

▼泣いて馬謖を斬った晴久

先述したように国久は経久の次男である。父経久から「文に疎《うと》く政道に誤りがあるものの、こと軍務にかけては鬼神そのもの」（『雲陽軍実記《うんようぐんじつき》』）と評されるほど武勇に優れた人物だった。

そんな国久は月山富田城にほど近い新宮谷《しんぐうだに》に居館《きょかん》を構えていたことから、彼が率いる三千騎の戦闘集団は新宮党と呼ばれた。戦では常に先陣を駆け抜けたこの精強無比の新宮党の存在がなければ、尼子氏はこれほど短期間に八カ国を領有することはできなかったと言われている。

ところが国久は、尼子氏の家督を相続した甥《おい》っ子の晴久の補佐役を経久から託されたものの、出雲西部を得て宗家をもしのぐほどの経済力を持ったこともあり、次第に傲慢《ごうまん》な態度が目立つようになる。親分がそうだから、自然、その乾分《こぶん》――誠久《まさひさ》ら息子たちも彼にならって人も無げな振る舞いを見せるようになり、家中は新宮党絡みのいざこざが絶えなくなった。

こうした事態に、さすがに晴久は大きな決断を下すことになる。晴久は正室である国久の娘が亡くなったことをきっかけに、国久父子《おやこ》をはじめ党の主だった者たちを謀殺したのである。まさに、晴久にすれば「泣いて馬謖《ばしょく》を斬る」心境だったに違いない。天文二十三年（一五五四年）のことである。

▼あえて国久を粛清した晴久の胸の内

この粛清劇《しゅくせいげき》のウラに、毛利元就の謀略があったという説がある。元就が、国久と毛利との間に密接なつながりがあることを示す偽《にせ》の手紙が尼子領内で発見されるように仕向け、その手紙を信じた晴久が殺さなくてもよい国久を殺してしまったというのである。確かに元就は厳島の戦いの際、同じような謀略を陶隆房に仕掛けているが、尼子攻略ではそうした事実はなく、後世の創作と考えられている。

いずれにしろ、国久を粛清したことで尼子氏の武威《ぶい》は急落した。もしも、第二次月山富田城の戦いの際、国久に率いられていたときのような新宮党三千騎が尼子方についていれば、毛利方にそう易々《やすやす》と敗れていなかったはずである。

晴久には、叔父の国久を粛清すれば、当然、味方の大幅な戦力ダウンにつながることは予想できたはずだ。それでも敢《あ》えて断行したのは、当時の晴久には他国にいる毛利よりもなお、獅子身中の虫である目先の国久の存在が悩ましかったのだ。もしも、毛利に滅ぼされなかったとしても、早晩、尼子宗家は国久父子によって乗っ取られていたに違いない。

備中高松城の清水宗治にみる〝滅び〟の美学とは？

▼滅びの美学を体現した戦国武将

日本の歴史のなかで切腹という自殺方法がたびたび登場する。江戸以前は、自分はいかに怨《うら》みを残して死んでいくかということを第三者に見せつけるための、いわば〝はらいせ〟行為とみなされていたが、江戸時代に入るとその認識が変化した。

日本人の心にそうした変化を起こさせるきっかけとなった人物がいる。戦国時代、羽柴《はしば》（豊臣《とよとみ》）秀吉《ひでよし》の中国攻めによって滅ぼされた、備中《びっちゅう》国（岡山県西部）高松城の城主清水宗治《しみずむねはる》である。

織田信長《おだのぶなが》の命を受け、中国方面総司令官となった秀吉が西国各地を転戦し、その総仕上げとして臨《のぞ》んだ毛利《もうり》方の高松城を攻めた際に戦った相手である。この戦いで秀吉は、日本の戦史上にも前例がない奇策「水攻め」によって宗治を降参させたのだが、このとき宗治は数万という敵味方が見守るなか、湖水に浮かべた小舟の上で、ひとさし舞った後、従容《しょうよう》として自刃《じじん》を遂《と》げた。

このときの宗治のふるまいについてのちに秀吉は「あっぱれ、武士の鑑《かがみ》である」と称賛したことから、以来、切腹とは武士にとって名誉な行為であるという認識が日本人の心のなかに浸透していったのだという。

もしも、「滅びの美学」というものがあるとしたら、まさに清水宗治こそはそれを見事に体現した戦国武将であった。そんな宗治と秀吉の間で繰り広げられた合戦の様子と、幕末維新期になり、宗治の子孫が再度主家の危難を救ったという話を語ってみよう。

▼全長四キロの堤防を十二日で完成させる

秀吉による中国攻めは天正《てんしょう》五年（一五七七年）ごろに始まった。毛利勢力圏の東方における事実上の最前線となっていた尼子勝久《あまごかつひさ》の西播磨《にしはりま》上月城《こうづきじょう》（兵庫県佐用町）、この上月城攻めのさなかに織田を裏切った別所長治《べっしょながはる》の東播磨三木城（同三木市）、さらに毛利氏の重臣の吉川経家《きっかわつねいえ》が守る鳥取城——などを次々に陥落させ、最後に残った備中高松城攻略に乗り出したのは天正十年（一五八二年）春のことだった。

この年の三月中旬、秀吉は二万の織田軍を率いて姫路城を進発した。途中、備《び》前《ぜん》国（岡山県南東部）の亀山城で宇喜多《うきた》勢一万を加え、目指す高松城に着いたときは三万の大軍に膨れ上がっていた。

高松城は当時としては珍しい平城で、周囲は湿地帯（泥田）、さらにその向こうには屏風《びょうぶ》を立て回したように山々が取り囲んでいた。唯一残った城の正面側には川（足守川《あしもりがわ》）が横たわり、敵の侵入を阻《はば》んでいた。

秀吉は最初、城に籠《こも》る清水宗治に使者を送り、「すみやかに降参すれば、備中国を与えよう」と懐柔策《かいじゅう》に出たのだが、宗治はこれを一言《いちごん》のもとに撥《は》ね付けたという。そこで秀吉は方針転換し、強硬策に打って出た。

高松城は地形から見て水攻めにうってつけと判断し、足守川の水を城に引き込むための堤防工事を命じたのである。こうして出来上がった堤防は、全長約四キロメートル（異説あり）、高さ八メートルもあった。これほどの大工事を、五月八日の着工からなんと十二日目に完成させたというから驚く。

▼城兵の命と引き替えに

天も秀吉に味方した。その年は特に雨が多く、工事中に降り出した雨と、堰《せ》き止めた足守川の水とがあいまって、城の周辺をみるみる湖水に変えていった。高松城の敷地は地上三・五メートルほどで、普段の足守川の水位とそう変わらなかったことも、城方には不運だった。こうして城を中心に巨大な人造湖が短期間に出現したのである。

五月二十一日になり、小早川隆景《こばやかわたかかげ》や吉川元春《きっかわもとはる》ら毛利本隊が救援に駆け付けたが、広々とした湖面にポツンと浮かぶ高松城を見て愕然《がくぜん》とする。秀吉という男が持つ途方も無さと、その後ろに見え隠れする信長が持つ権力の大きさを初めて思い知り、為《な》す術《すべ》も無く立ち尽くすのだった。

しばらくはこう着状態が続くなか、最初に動いたのは毛利方だった。毛利の外交僧で、秀吉とも面識があった安国寺恵瓊《えけい》を秀吉の陣所へ派遣し、和睦《わぼく》を持ちかけたのである。さらに、清水宗治のところにも使者を出し、「ここは降伏するべき」と説得させた。しかし、宗治はこれを拒否する。「あくまでも城と運命をともにしたい」という申し出だった。

そこで、今度は恵瓊本人が宗治のもとに赴《おもむ》き、これまでの交渉経過を包み隠さず述べた。宗治はそれを黙って聞き終えると、重い口を開いた。

「こんなときに一命を擲《なげう》つことは武士の名誉。自分の命と引き替えに城の者たちが助かるなら、なんで命を惜しみましょう」そう言って和睦を承諾したという。

▼切腹の前日に髭を剃る

清水宗治は、備中清水城（岡山県総社市）城主清水宗則《むねのり》の二男として誕生した。その後、経緯ははっきりしないが、同じ備中の戦国大名である三村《みむら》氏の重臣となる。三村氏と毛利氏が争った通称「備中兵乱《びっちゅうひょうらん》」（天正二年）の際、主君の三村元親《もとちか》を見限って毛利方に寝返る。このとき高松城主の地位を得たらしい。

武士として人一倍の矜持《きょうじ》を持ち合わせており、たとえばこんな話が伝わっている。高松城内で切腹をあしたに控えた宗治が、近侍《きんじ》の者に髭《ひげ》を剃《そ》ってくれるよう命じた。けげんそうな顔つきのその家来に向かって、宗治が言った。

「あした死ぬと決まっていて、容貌を整えることが不思議か？　この首が信長に献じられ、髭が茫々《ぼうぼう》だったというのでは、信長に嘲《あざけ》られるのは明白。わしにとってそれは大いなる恥辱なのだ」

自分の命よりも武士としての名誉を守ることに心を砕いた宗治らしい逸話といえるだろう。そんな宗治が、秀吉方から提供された小舟に乗り、毛利と織田、両軍の兵士が見守るなか自害を遂げたのは六月四日朝のことだった。享年四十六。

実はその前夜、明智光秀《あけちみつひで》が毛利方に送った、自分の謀叛《むほん》によって本能寺で信長が落命したことを報《しら》せる使者を秀吉は偶然捕えており、この瞬間の秀吉の心中はけっして穏やかでなかった。しかしながら秀吉は、そんな不安はおくびにも出さず、一軍の大将然とした悠揚《ゆうよう》迫らぬ態度で宗治の自害を見届けたのであった。

毛利方が信長の死を知るのは、秀吉の軍勢が撤退した翌日、七日のことである。

▼父親として息子に贈る最後の人生訓

宗治には景治《かげはる》という息子がいた。秀吉は天下を取ったのち、この景治に一万石を与えて家来にしようとしたが、景治はそれを断り、毛利氏に残った。その後景治は、毛利氏が関ヶ原の戦いで徳川家康から領地の大半を没収され長州の萩に転封《てんぽう》となった際、財政再建に尽力し、能吏《のうり》として名を成した。

この景治が、父から遺言をもらっていたという話がある。宗治の辞世といえば、「浮き世をば　今こそ渡れ　武士《もののふ》の　名を高松の　苔《こけ》に残して」がよく知られているが、それ以外に景治にのみ遺言が伝わっていたのだ。「身持ちの事」と題された次の三カ条から成るものがそれである。このとき景治は十二歳の少年（当時は源三郎）だった。

一、恩を知り慈悲正直にねがいなく　辛労気尽くし天にまかせよ
一、朝起きや上意算用武具　人を遣《つか》ひてことをつつしめ
一、談合や公事《くじ》と書状と意義法度《はっと》　酒と女房に心乱すな

この三カ状はまさに城主の跡継ぎとして生まれたわが子への応援歌であり、父親として息子に贈る最後の人生訓でもあった。宗治が直筆でしたためたこの遺言状を景治は生涯にわたって肌身離さず持ち歩いていたという。

▼二十二歳で長州藩の家老職に

最後に、宗治・景治の子孫が幕末になって再び主家の毛利氏を救ったという話

を以下で述べてみたい。

萩に移ってからの毛利氏は長州藩と呼ばれることになり、宗治の子孫は代々、藩の重臣として仕《つか》えた。幕末となり、討幕運動の中心的存在となった長州藩では、藩士たちは討幕派の「正義派」と佐幕派の「俗論派」とに分かれ、連日激しい議論をぶつけあった。

それを知った幕府から、今にも鎮圧《ちんあつ》部隊（のちの長州征討《せいとう》軍）が送られるのではないかという不穏《ふおん》な空気が漂うなか、新たに家老職に抜擢《ばってき》された人物がいた。清水宗治から数えて十二代目の子孫、清水親知《ちかとも》である。よほど優秀だったのだろう、まだ二十二歳の若者だった。

親知はたちまち「正義派」の代表格となり、もしも幕府軍が攻め込んで来た場合、敢然とこれに立ち向かうべきであると主張した。ところが、藩主毛利敬親《たかちか》の判断で藩論は俗論派に傾いたため、親知は罷免《ひめん》されてしまう。

やがて高杉晋作《たかすぎしんさく》が挙兵すると、謹慎中にもかかわらず親知はその責任を取らされ、元治《げんじ》元年十二月二十五日（一八六五年一月二十二日）、切腹によって若い命を散らした。家老になってわずか二年目のことであった。

▼明治になり男爵を授けられる

その一カ月後、高杉晋作らの活躍で藩論を正義派が掌握《しょうあく》すると、親知の養父であり清水宗治十一代の親春《ちかはる》が再家督を許される。息子の遺志を継ぎたいという、やむにやまれぬ行動だった。このとき四十八歳。親春は第二奇兵隊総督となって第二次長州征討（慶応《けいおう》二年＝一八六六年）で幕府軍と戦い、これを長州から追い払うことに貢献している。

戦国時代の宗治・景治父子《おやこ》同様、幕末に現れた親春・親知父子もまた主家の危難を救ったのである。明治になり、親春・親知父子の功績を認めた政府は、親春の娘と結婚して清水家の入り婿となった資治《すけはる》に男爵《だんしゃく》を授けて、その功に報いた。

"海の百万石"と称された「銭屋五兵衛一族」の没落の顚末

▼冷たい牢の中で一人さびしい死を

江戸時代から明治期にかけて、西廻りと呼ばれる日本海航路を利用し、様々な物資を積んで蝦夷《えぞ》（北海道）・東北と上方《かみがた》を往復した船があった。北前船という。現代の長距離輸送トラックに相当するだろう。

蝦夷から上方に向かう便（上り荷）は、鰊《にしん》の魚油を除いたあとの絞り粕《かす》（通称〆粕《しめかす》）、昆布、海苔《のり》などの海産物が主に積み込まれ、途中の酒田や新潟などで米が加わった。特に〆粕は米など農作物の肥料としては最上級とされ農家で珍重された。一方、上方から東北・蝦夷に向かう便（下り荷）は、酒、煙草《たばこ》、醤油、砂糖、衣料品、紙、蝋燭《ろうそく》など食品や日用品を多く積んでいた。

江戸後期に活躍した加賀（石川県）の商人、銭屋五兵衛《ぜにやごへえ》（通称銭五《ぜにご》）はこの北前船交易によって巨万の富を築き上げた人物である。最盛期には加賀藩の屋台骨を一人で背負っていると言ってよいほど藩財政に貢献したことがわかっている。

そんな銭五も末路は悲惨だった。加賀藩に逮捕され厳しい取り調べを受けたのち、冷たい牢の中で一人さびしく死んだのである。しかも、財産はすべて没収され家名は断絶。家族や親族も投獄されたり磔《はりつけ》に処されたりして銭五一族は没落した。一体、銭五はなぜこんな不幸な目に遭わなければならなかったのか。「海の百万石」と称されたほどの男の転落人生をたどった。

▼五十代後半になり海運業一本で勝負

銭屋五兵衛は安永《あんえい》二年（一七七三年）、加賀国宮腰《みやこし》（現金沢市金石地区）で生まれた。生家は両替商や質屋、古着商、醤油製造業などを手広く営んでおり、当主は代々五兵衛を名乗った。先祖は戦国大名で、織田信長《おだのぶなが》によって滅ぼされた越前朝倉氏《えちぜんあさくら》に行き着くという。

本編の主人公の五兵衛は銭屋としては七代目、五兵衛としては三代目になる。十七で家督を継ぎ、持ち前の商才を発揮して家業を広げていったが、四十近くになって新たな転機が訪れる。たまたま質流れ品の船を手に入れたことから、その船を利用して先代五兵衛が一時手掛けていた海運業を再開したのである。

やがて海運業の未来に明るいものを感じた五兵衛は、大胆にもそれまでの商売をすべて整理し、海運業一本で勝負することにする。このとき五十代の後半になっていたというから驚く。人一倍の野心家だったのだろう。

銭五が始めた海運業とは、すなわち北前船交易であった。地元の宮腰が、北前船交易の重要な中継地になっていることに目を付けたものだった。先に北前船のことを現代の長距離輸送トラックのようなものと述べたが、北前船が特殊なのは荷物を運んでたんに運賃収入を稼ぐのではなくて、販売も兼ねていた点だ。

つまり、自己資金で買い集めた積み荷を各地の寄港地で売り捌《さば》き、さらにその土地の産物を買い入れ、また別の寄港地で売り捌くという「買い積み」を繰り返したのである。これにより銭五の財産は一気に膨《ふく》らんだ。

▼加賀藩の御用商人となって急成長

銭五の全盛期には、二千五百石積みの大型船四隻《せき》を筆頭に、千石積み以上の船だけでも二十隻以上保有していたという。ちなみに千石船というと、米俵二千五百俵を積むことができた。当時の陸上輸送ではとてもこうはいかない。海上輸送は実に効率のよい輸送手段だったことがおわかりいただけよう。

商売の拡大に伴い、全国各地に銭屋の支店・出張所が設けられ、北は北海道の松前から南は長崎まで三十四店舗を数えた。また、「海に国境はない」とばかりに当時は国禁とされていた密貿易にも手を出した。沖縄近辺の離島で英国やオランダ、中国などの商船と盛んに交易し、買い取った珍しい物品を上方で売り捌いたのである。こうして銭五はまたたく間に日本でも指折りの豪商に成り上がった。

銭屋が急成長できた要因は、加賀藩の年貢米《ねんぐまい》などを上方へ運ぶ御用商人になったことが大きい。当時、藩財政を担当していた奥村栄実《おくむらてるざね》に銭五は接近し、多額の献上金を藩に納める代わりに御用商人になることを認めてもらったのだ。もちろん、そこには密貿易を黙認してもらうという条件を含んでいたに違いない。

藩への献上金の回数だが、記録にあるものだけでも三十年間で九回。そのうち金額がはっきりしているのは天保《てんぽう》四年（一八三三年）のケースで、なんと十万六千両とある。このころの一両を大体五万円と考えると、現代の貨幣価値でざっと五十億円以上となる。これだけの大金をポンと出せたのだから、銭五の財力は底が知れない。

▼海運業からあっさり手を引く

ところが銭五の運命は突然暗転する。銭五とは一蓮托生《いちれんたくしょう》の関係だった奥村栄実が天保十四年（一八四三年）に急死したのだ。すると、奥村の政敵だった長連弘《ちょうつらひろ》ら黒羽織党《くろばおりとう》と呼ばれる一派が台頭するようになる。黒羽織党とは儒学《じゅがく》に凝り固まった面々の集まりで、考え方は保守的で商業を蔑視《べっし》する傾向が強かったという。長は、奥村憎さに銭五にまで鉄槌《てっつい》を下した。それまで藩が再三甘い汁を吸わせてもらっていたことを棚に上げ、黙認してきた密貿易を厳しく禁じた。しかも、銭五に与えていた特権を次々に剥奪《はくだつ》し、それを自分が目をかけている商人たちに与えていったのである。

進退窮《きわ》まったかに見えた銭五であったが、ここで思わぬ行動に出る。海運業からあっさり手を引き、新たに私財を投じて新田開発を始めたのだ。宮腰の東北に広がる河北潟《かほくがた》を埋め立て、そこに新田を作ろうとしたのである。完成すれば五万石の収穫が見込めるはずであった。

ところが、水底の泥土を固めるために石灰《せっかい》を投入した日にたまたま魚の大量死（原因は赤潮か）があったことから、「銭五が毒を流した」「魚を食べた漁師が死んだ」などの噂が周辺住民の間で広がり、町奉行所によって銭五は捕縛《ほばく》されてしまう。

銭五は「石灰は別に毒ではない。何かの間違いだ」と必死で弁明につとめるが、役人どもはそれに一切耳を貸さず、「罪を認めてしまえ」と連日のように老体に容赦のない拷問《ごうもん》を加えた。ひどい話である。

▼財産をすべて藩に没収される

これは、埋め立て工事に反対を唱える勢力（主に河北潟で生活する漁師）が流したデマか、あるいは埋め立てに駆り出された人足たちが、「銭五なら、ごねれば賃金を上げてくれるに違いない」とあさましく考え、デマを流したのではないかと言われている。

いずれにしろ、こうして罪を認めないまま銭五は牢内で痩せ衰えて亡くなった。

「海の百万石」と称された男のあまりにも悲惨な最期だった。嘉永《かえい》五年（一八五二年）十一月二十一日のことである。享年八十。

その後、銭五の息子や店の番頭は公開による磔刑《たっけい》、ほかの一族郎党も投獄され、そのうち六名が獄死した。これら銭屋に対する罪状はあくまで「河北潟に毒を流した一件」であって、密貿易に関することはまったくふれられていない。

悲劇は続き、銭屋の財産はすべて加賀藩に没収されたうえに家名は断絶という厳しい裁定がなされる。そこで気になるのは没収された銭屋の財産だが、債権などを含め約二十万両だったと記録されている。しかし、最盛期は三百万両の資産があったとされる銭屋だけに、実際はもっと多かったはずだとみられている。

江戸後期、五百万両という途方もない借財があった薩摩藩ほどではないにしても、加賀藩は同じ外様の雄藩だけに支出も多く、財政は火の車だったはずだ。そんな加賀藩にとって、銭屋から奪った金はきっと旱天《かんてん》の慈雨《じう》となったに違いない。

▼十一年目にして家名再興がかなう

ところでこの「銭屋疑獄事件」にはウラがあり、密貿易のことが幕府に露顕《ろけん》するのを恐れた加賀藩によって銭五の口が塞がれたのだという説が昔から根強くある。拷問でもなかなか死なないため毒殺されたという説まであるくらいだ。

それはそうだ、銭五が密貿易を行っていたとなれば、御用商人の金看板を銭五に与えた加賀藩がそれに加担していたことは自明の理で、幕府から加賀藩に対し厳しい処罰が下されることは火を見るよりも明らかだった。それゆえ、蜥蜴《とかげ》のしっぽ切りよろしく、藩がいち早く共犯者である銭五を葬《ほうむ》ったのだという。

真実はわからないが、八十の老体に拷問まで加えて無実の罪で始末しようとしたことは明白なだけに、あながち突飛《とっぴ》な説とは言いきれないだろう。

文久《ぶんきゅう》三年（一八六三年）、銭五没後十一年目のことだった。銭五の遺族から加賀藩に出されていた家名再興の願いがようやく聞き届けられる。無実の罪で一族を没落させてしまったという藩重役たちの自責の念がそれをさせたのだろうか。

3章

時代を大きく動かした滅亡のドラマ、その全真相

仏教受容問題で蘇我氏に敗れた物部氏の〝その後〟とは？

▼天皇を補佐する二大豪族

物部《もののべ》氏は日本古代史の中で最も謎が多い一族だとされている。『日本書紀』によると、皇祖神《こうそしん》同様、物部氏は天孫降臨《てんそんこうりん》の逸話を持つ唯一の氏族で、天上界より天磐船《あめのいわふね》に乗って大和《やまと》に天降《あま》った神饒速日命《にぎはやひのみこと》がその先祖だという。

しかし、これはそのまま鵜呑《うの》みにするわけにはいかない。古代物部氏のなかで、最初に実在が確認されているのが、物部麁鹿火《もののべのあらかい》という人物。大連《おおむらじ》（天皇の補佐役）であった麁鹿火は継体《けいたい》天皇二十一年（五二七年）、九州北部で「磐井《いわい》の乱」が起こると征討《せいとう》将軍を命じられ、翌年、これを見事に鎮圧《ちんあつ》している。

麁鹿火が亡くなると、一族の中から物部尾輿《おこし》という者が現れ、麁鹿火の跡を受けて大連となる。このころ尾輿には蘇我稲目《そがのいなめ》という政敵がいた。蘇我氏は物部氏同様、有力豪族として代々天皇を補佐する大臣《おおおみ》という高位の官職についていた。

そんな二大豪族は政権をめぐって永く暗闘を繰り広げてきたが、それが決定的となったのが、この尾輿と稲目の代で起こった仏教受容問題である。火種は海の向こうの朝鮮半島からやってきた。欽明《きんめい》天皇（在位五三九〜五七一年）の御代《みよ》に百済《くだら》国の聖明王が日本の朝廷に使者を送り、仏教をすすめてきたのである。

▼用明帝、仏教を公式に認める

欽明帝はさっそく尾輿や稲目ら有力豪族を呼び出し、この新しい宗教を日本国として受容するか否か、意見を求めた。最初に稲目が、蘇我氏は代々渡来系の氏族と関係が深かったこともあり、「朝鮮諸国はこぞって仏教を信じている。わが国だけが受け容《い》れないのは時代遅れも甚《はなは》だしい」と建言した。

すると、それを苦々しい表情で聞いていた尾輿が立ち上がり、「わが国には古来、立派な国神《くにつかみ》がおわしますことは皆々もご存じであろう。いまさら蕃神《となりのくにのかみ》（仏教のこと）を礼拝すれば、国神の怒りを買うことは必定《ひつじょう》」と受け容れ拒否の姿勢を明確にした。

こうして廃仏《はいぶつ》派の尾輿と崇仏《すうぶつ》派の稲目の確執《かくしつ》は決定的となり、その確執は尾輿から息子の守屋《もりや》、稲目から息子の馬子《うまこ》の代になっても継承された。

その後、用明《ようめい》天皇（聖徳太子の父、在位五八五〜五八七年）の御代となり、帝自身が崩御《ほうぎょ》する直前に仏教の受け容れを公式に認めたことから、物部守屋と蘇我馬子の直接対決は避けられないものとなった。

五八七年七月、両者は自らの思想《イデオロギー》・信条と一族の存亡をかけ、次期天皇の後継者としてそれぞれ別々の皇子《おうじ》を擁立し、物部氏の本拠地である河内《かわち》・衣摺《きずり》で激突した。この戦いで勝利したのは馬子で、守屋は激戦の中で討ち死にし、物部氏一族はあえなく滅亡を遂《と》げたのであった。

▼守屋＝逆賊説をさぐる

そこで気になるのはその後の物部氏だが、不思議なことに残った支族が根絶やしの悲劇に遭うことはなかった。奈良時代に入った後も物部氏の血統は脈々と受け継がれ、万葉歌にも物部を名乗る何人もの防人《さきもり》の歌が採録されている。また、飛鳥時代から奈良時代にかけて生きた物部（石上《いそのかみの》）麻呂《まろ》は大納言《だいなごん》として政治の

■蘇我氏と物部氏の関係図

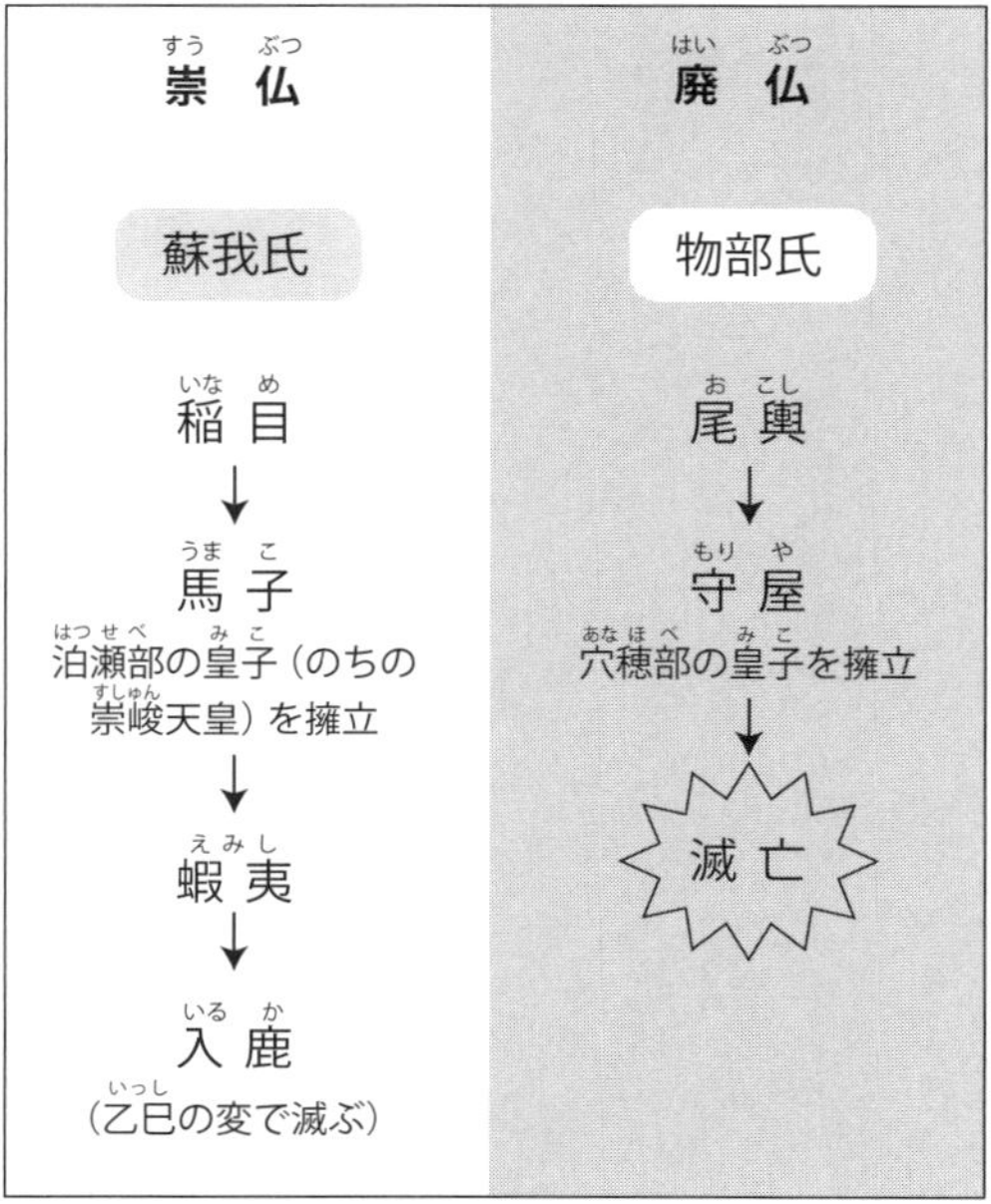

中枢《ちゅうすう》を担い、その子乙麻呂《おとまろ》も官人・文人として名を成し、中納言にまで昇進している。

さらに、奈良時代に登場し、孝謙《こうけん》上皇の寵愛《ちょうあい》を受け、法王にまで昇進した僧侶に弓削道鏡《ゆげのどうきょう》がいる。道鏡は、物部氏の一族である河内弓削氏の流れを汲《く》む人物とされていたのに、なぜ孝謙上皇の寵愛を受けることができたのだろうか。物部守屋は天皇家にとって、いわば逆賊だ。そんな反逆者の血を受け継いでいるかもしれない道鏡を、なぜ上皇は宮中に入れたのだろうか。

それはつまり、物部守屋が滅ぼされたのち、当時の人々の共通認識として守屋のことをそれほどの悪人と思っていなかったからにほかならない。それゆえ支族の人たちは物部氏や弓削氏を名乗っても迫害を受ける心配はなかったのだ。

なぜ物部守屋は後世、悪人のレッテルを貼られることがなかったのか――その疑問に明確に答える史料はいまだ見つかっていない。

栄華を誇った平氏一門が滅亡した本当の「きっかけ」

▼警察権と軍事権を掌握する

平清盛《たいらのきよもり》が謎の熱病で亡くなったのは、治承《じしょう》五年（一一八一年）閏《うるう》二月四日のことであった。享年六十四。命旦夕《たんせき》に迫った枕元で、「葬儀などは無用。それよりも（源《みなもとの》）頼朝《よりとも》の首をわが墓前に供えよ。そのことが何よりの供養である」と周囲の者に遺言したことはあまりにも有名だ。頼朝に対する恨《うら》みがいかに根深いものだったのか、この遺言でわかろうというものだ。

清盛こそは、日本史上を代表する傑物の一人である。貴族の用心棒でしかなかった武士階級の出身だったが、数多《あまた》の政争に乗じて次第に朝廷の中で発言力を強めていき、やがて警察権と軍事権を掌握。最終的には貴族の最高位である太政《だじょう》大臣《だいじん》にまでのぼりつめ、娘（建礼門院徳子《けんれいもんいんとくこ》）を入内《じゅだい》させて天皇家と姻戚《いんせき》関係を結ぶまでに至る。

清盛は武家政権の礎《いしずえ》を築いた人物としても知られ、のちの鎌倉幕府の仕組みはすべて清盛の模倣《もほう》であった。また、海外にも目を向け、隣国・宋《そう》（中国）と積極的に貿易を推し進める一方、銅銭を大量に輸入して日本に貨幣経済を根付かせようとしたのも清盛の功績の一つにあげられている。

▼大飢饉が西日本一帯を襲う

このように、いみじくも一門の重鎮《じゅうちん》・平時忠《たいらのときただ》が「平氏にあらざれば人にあらず」とうそぶいたように、わが世の春を謳歌《おうか》した平氏一門であったが、驕《おご》れるものの久しからず、清盛が亡くなってわずか四年後に、長門《ながと》壇ノ浦において滅亡を遂げる運命にあった。

一体、平氏がこれほどあっさり滅んだのは何が原因だったのだろうか。

巷説として、平氏の人々はそれまでの貴族の用心棒という低い身分から短期間に公卿《くぎょう》や殿上人《てんじょうびと》に成り上がったことで、武士としての表芸の鍛錬を怠《おこた》り、貴族趣味の怠惰《たいだ》な生活に明け暮れるようになったからだと言われている。はたしてそんな単純な理由だけで滅んだのであろうか。

平氏があれほど短期間に滅亡した原因として、近年、史家の間では次の二説が有力視されている。

一つは、自然災害——「養和《ようわ》の大飢饉《ききん》」と呼ばれる西日本一帯を襲った未曾有《みぞう》の大飢饉があげられる。

養和の大飢饉は、平氏と源氏による争乱のさなかに発生した。それは清盛が亡くなる前年の治承四年（一一八〇年）に始まり、その年は西日本一帯で極端に雨が少なく、農作物の収穫量が激減した。

翌年（養和元）も旱魃《かんばつ》は続き、秋の台風が追い打ちをかけ、西日本の各地で大雨や洪水が発生した。次の年（寿永《じゅえい》元＝一一八二年）はさらに状況が悪化し、飢饉に加えて京都などでは疫病《えきびょう》が大流行した。

▼西国からの兵士や兵糧の調達に苦心

この当時の京都市中の悲惨さを、鴨長明《かものちょうめい》は著書『方丈記《ほうじょうき》』の中で、「餓死《がし》者の遺体が市中にあふれ、各所で異臭が充満していた」と述べている。

源平合戦の幕開けと言われる治承四年の「宇治川の戦い」は、飢饉が始まった年の初夏に行われたため、平氏方は飢饉の影響をそれほど受けずにすんだが、その年の秋に行われた「富士川の戦い」あたりから、モロに影響が出始めた。

この富士川の戦いでは、頼朝率いる源氏軍と、平維盛《たいらのこれもり》が京都から率いてきた平氏軍とが駿河《するが》の富士川を挟んで戦ったが、平氏軍は水鳥が川面を一斉に飛び立ったときの羽音を、源氏軍の襲来と勘違いして、ろくに戦いもせず尻に帆をかけ京都へ逃げ帰ってしまった。

これほど簡単に平氏軍が敵前逃亡したのは、駿河に到着したころには早くも飢饉による兵糧《ひょうろう》不足が露呈しており、戦う前から陣中には厭戦《えんせん》気分が蔓延《まんえん》していたからだと言われている。

その後、源平の戦いは木曽《きそ》（源）義仲《よしなか》による「倶利伽羅峠《くりからとうげ》の戦い」から、源義経《みなもとのよしつね》が活躍する「一ノ谷の戦い」「屋島の戦い」、そして最後の元暦《げんりゃく》二年（一一八五年）三月に行われた「壇ノ浦《だんのうら》の戦い」へと一気に突き進むわけだが、平氏方はそのいずれもで、大飢饉の影響から兵士や兵糧を西国から調達するのに苦労したらしい。

▼飢饉の次はハイパーインフレ

平氏が滅亡したもう一つの要因、それは清盛が推し進めた貨幣経済にあった。清盛は権力の座についてから、宋との貿易に精を出し、種々の物品を売り買いして莫大な富をほぼ独占していた。同時に大量の銅銭を輸入し、日本国内に貨幣経済を根付かせようと画策したのである。

当時は米や絹織物が通貨の役割を果たしていたのだが、銅銭が流通するようになると、流通に不便な米や絹の価値はどんどん下がり、それらを蓄えていた貴族や寺社、豪族たちから一斉に不満の声が上がった。

ところが、養和の大飢饉が発生すると、一転して米など物品の値段が急上昇し銅銭は暴落してしまう。銭を山積みしてもちょっぴりの米しか買えなくなってしまったのだ。まさに、ハイパーインフレ状態である。これにより清盛の言うことを聞いて銅銭を大量に所有していた平氏一門は財産をいっぺんに失ってしまう。

このように西日本一帯を襲った三年に及ぶ大飢饉と、それに伴うハイパーインフレというダブルパンチによって平氏は滅んだのであった。

文永・弘安の役で大敗した元軍が、台風より怖れたものとは？

▼「神風」では解けない謎

一三世紀、チンギス・ハンに始まるモンゴル帝国はまたたく間にユーラシア大陸の大部分を征服する。一二六〇年にモンゴル帝国の皇帝となったクビライ・ハン（チンギス・ハンの孫）は、南宋を攻め滅ぼして大都（北京）に都城を置くと、一二七一年、国号を元と定める。クビライはその数年前から朝鮮半島の高麗《こうらい》王朝や海の向こうの日本に関心を示し、両国に対し服属を迫る使者をたびたび遣《つか》わせていた。

しかし、両国ともクビライの要求を蹴ったことから、まず高麗王朝が元軍の侵略を受ける。高麗王朝は元の大軍を足かけ四年にわたりよく防いだが、最後は押し切られ、元の軍門に降《くだ》ってしまう。一二七三年四月のことである。この足かけ四年にわたり、高麗王朝が頑張ってくれたことが、日本に幸いした。その間、ときの鎌倉幕府（執権《しっけん》は北条時宗《ほうじょうときむね》）は、元軍の襲来を想定して防衛態勢を整えることができたからである。

その後、日本と元との間で二度の合戦が行われ、二度とも日本側が元軍を撃退したのはご存じのとおり。この元寇《げんこう》（蒙古襲来《もうこしゅうらい》）における日本側の勝因は、従来の通説では二度とも「神風」が吹いたことで元の兵士たちが軍船もろとも海中に沈んだから、と言われてきたが、近年はそれと違う説が浮上してきている。それは鎌倉武士の奮戦がなによりも勝因につながったとする説である。この説の真偽を追ってみた。

▼集団戦法に手を焼く鎌倉武士

文永《ぶんえい》十一年（一二七四年）十月三日、元と高麗の連合軍約四万を乗せた大小九百艘《そう》余の軍船が朝鮮半島の合浦《がっぽ》を出航した。目指すのは日本の北九州。「文永の役《えき》」の幕開けであった。

元軍はまず対馬《つしま》に、ついで壱岐《いき》に上陸し、それぞれの守護代とその家来、島民たちを思う様に血祭りにあげた。元軍はその勢いのまま十九日夜には博多湾に侵入し、翌二十日朝から上陸作戦を開始した。

迎え撃つ日本軍は主に九州全域からかき集められた御家人中心で、少弐景資《しょうにかげすけ》を指揮官とするおよそ一万。湾の沿岸一帯で彼らは勇敢に立ち向かった。しかし、すぐに押され始める。一騎打ちが戦《いくさ》の基本である鎌倉武士にとって、元軍の、銅鑼《どら》や太鼓をやかましく打ち鳴らして仕掛けてくる集団戦法は初めて経験するものだった。また、日本軍が「てつはう」と呼んで恐れた現代の手榴弾《しゅりゅうだん》のような火器も初めて目にするものだった。

ところが、優勢に進めていたはずの元軍がなぜか突然総退却してしまう。通説では上陸したその日の夜に台風に遭い、それが原因で元軍の船が難破し姿を消したことになっているが、台風があったことを証明する史料はどこにも存在しない(ただし帰路で暴風雨に見舞われ、大勢が溺死《できし》したという説も)。元軍はもっと別の理由で撤退したのだ。

しかも実際には上陸してから七日間ばかり博多沿岸を荒らしまわったのち退却しているという。

▼鉄壁の備えで迎え撃った日本軍

文永の役から七年後、元軍は再度北九州に襲来する。「弘安《こうあん》の役」である。弘安四年（一二八一年）の五月末から六月にかけて、元軍は朝鮮からの東路軍四万（軍船九百艘）と、本隊である中国江南からの江南軍十万（同三千五百艘）の二手から大船団で北九州に押し寄せた。

しかし、二度目の襲来を予見していた日本側の迎撃態勢は万全だった。幕府は主力の九州の御家人に加えて、長門《ながと》と周防《すおう》（いずれも山口県）、安芸《あき》と備後《びんご》（いずれも広島県）の四カ国の御家人に命じて防備を固めさせる一方、敵の上陸を防ぐため海岸線に堅固な石塁《せきるい》を築かせた。

博多湾からの上陸を試みる元軍と、それを阻止しようとする日本軍との間で一進一退の小競《こぜ》り合いが続くなか、元軍は防備が堅い博多湾からの上陸を断念し、長崎の平戸方面へ回ることにする。そして、主力部隊が平戸に集結しかけたところに、北九州沿岸部を台風が直撃したのである。それは七月三十日（新暦では八月下旬）の夜半から早朝にかけてのことだった。

このときの台風で元軍十四万のうち、約四分の三にあたる十万もの将兵が溺死したという。『高麗史《こうらいし》』には、元軍兵士の屍《しかばね》が浦々を埋め尽くし、その上を歩いて渡れるほどであったと記されている。

▼死ぬことを怖れない鎌倉武士

元軍がこれほどの溺死者を出したのは、軍船がいずれも急拵《ごしら》えだったからにほかならない。モンゴル人たちは征服した南宋や高麗の人々の尻を叩き、短期間で大量に造らせたため強度の点で著《いちじる》しく問題があった。そんなやわな船が、台風を避けるため目についた湾の中に一斉に逃げ込んだからたまらない。狭い湾の中で強風に翻弄《ほんろう》されて岸壁にぶつかったり軍船同士が押し合いへし合いしたりした結果、またたく間に壊れ、将兵らは海にほうり出されてしまったのである。

歴史家によると、前回の文永の役と違ってこの弘安の役では台風が原因で元軍が滅んだことは史料によって明らかという。そうなると、先の文永の役では台風に見舞われてもいないのに元軍はなぜ撤退したのだろうか。

その答えは、鎌倉武士の勇猛さにあった。元軍の記録では「日本兵は誰一人と

■文永の役と弘安の役

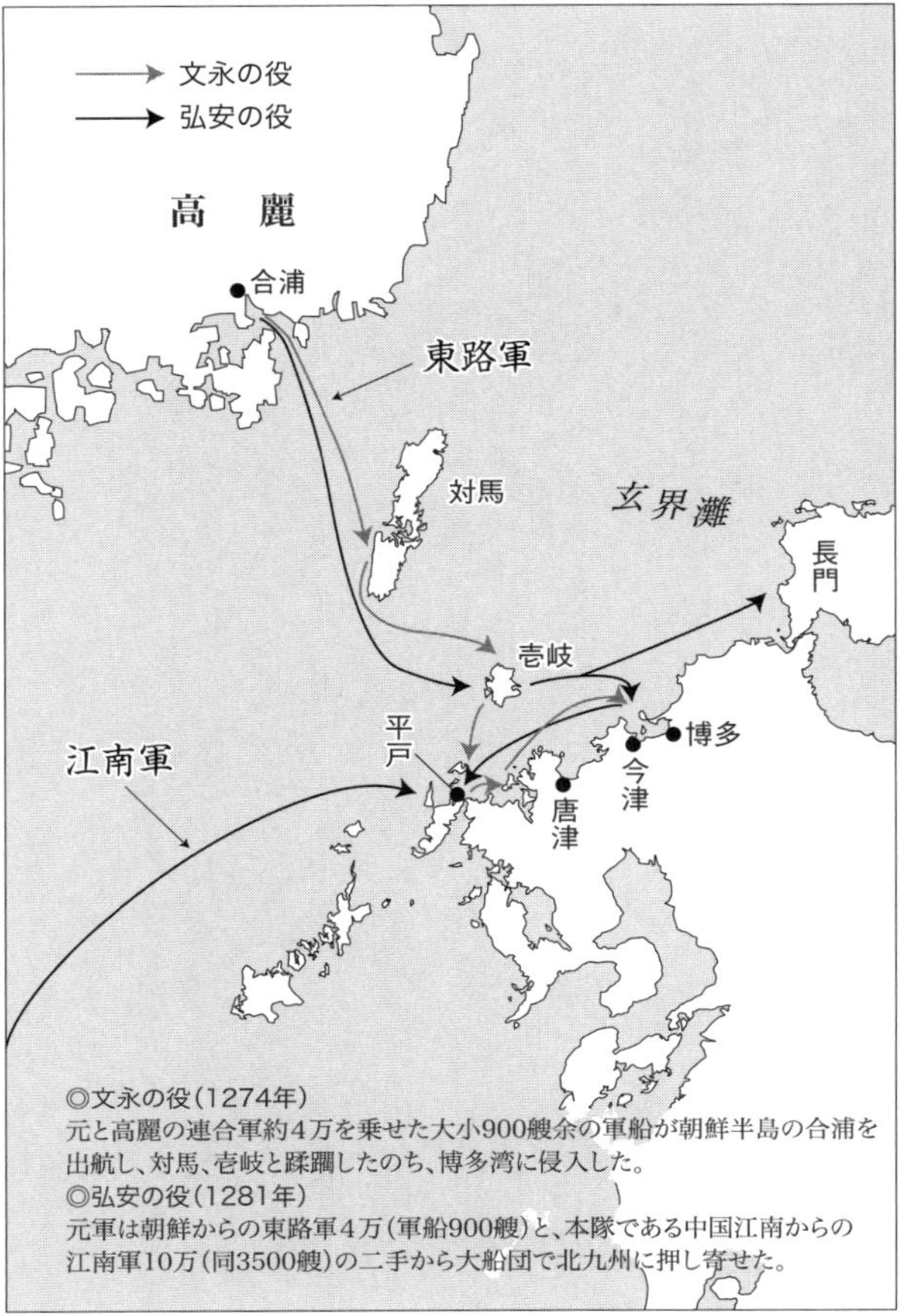

◎文永の役（1274年）
元と高麗の連合軍約4万を乗せた大小900艘余の軍船が朝鮮半島の合浦を出航し、対馬、壱岐と蹂躙したのち、博多湾に侵入した。
◎弘安の役（1281年）
元軍は朝鮮からの東路軍4万（軍船900艘）と、本隊である中国江南からの江南軍10万（同3500艘）の二手から大船団で北九州に押し寄せた。

して死を怖れてはいない」と記録され、一隊の将が首でも取られようものなら、家来が命がけでその首を奪い返しにきたという。また、鎧《よろい》を着用したまま平然と海を泳いで船に迫ってくる無尽蔵の体力にも驚かされたと記録にある。元軍の兵士たちはそうした鎌倉武士の勇猛さ剽悍《ひょうかん》さにすっかり恐怖心を覚えたのである。

元軍の副総司令官・劉復亨《りゅうふくこう》が、乱戦のなか少弐景資が放った弓矢に体を射抜かれ、馬から転げ落ちてしまったときも、副総司令官ともあろうものが矢傷を負ったことで元軍に動揺が広がったという。

▼九州武士の強さの秘密とは

この文永の役での撤退について『高麗史』には、元の最高司令官が作戦会議の場で、「日本軍は刻々と増強されており、勝ち目はない」と語り、撤退を決めたとある。一方、『元史』には「統率を失い、矢も尽きた」ことが撤退の理由だと書かれている。いずれにしろ元軍は鎌倉武士の勇猛さに驚き、臆病風に吹かれて撤退を決めたことは間違いないだろう。だからこそクビライは次の弘安の役では必勝を期して前回の三倍以上の兵力を投入してきたのである。

この元寇で大活躍した主力の九州の武士たちだが、一体なぜそれほど勇猛だったのだろうか。その勇猛さは、九州の男たちが先祖から連綿《れんめん》と受け継いできた高い国防意識に裏打ちされたものだった。

古来、九州は日本の防衛の最前線だった。白村江《はくそんこう》の戦い（六六三年）で唐・新羅《しらぎ》（朝鮮半島に存在した国家の一つ）連合軍に敗れてからというもの、朝鮮や大陸からの侵略に備え、「防人《さきもり》」と呼ばれる兵士が九州沿岸の警備に当たってきた。彼らは主に九州各地から徴用された男たちだった。

対馬や壱岐を含めた九州沿岸は八～一一世紀にかけて新羅や中国東北部の女真族《じょしんぞく》（満州族）などの海賊によって何度も襲撃に遭っていたが、そのつど身を挺《てい》してそうした海賊を追い払う役目を担《にな》ったのが防人だった。このような歴史があったため他国の人よりも一段高い国防意識が九州の人たちの心に自然とはぐくまれ受け継がれていったのである。

▼手っ取り早く納得するために

九州出身兵士の強さは近代になっても変わらず、先の日中戦争で中国軍を震え上がらせたことでも証明されている。中国国民党の蔣介石《しょうかいせき》が、九州出身兵士で構成された日本軍と戦い、「日本軍の善戦健闘に比して、わが軍はどれほど見劣りすることか」と慨嘆《がいたん》したことが記録されている。二一世紀の現代でも、こうした九州の人たちの国防意識の高さを証明するように、自衛官には圧倒的に九州出身者が多いという。

ではなぜ、この元寇においては九州出身武士の勇猛さが語り継がれてこなかったのだろうか。それは、二度目の弘安の役で元軍があまりにもあっけなく全滅したことが原因だった。

そのため文永の役で元軍が早々に撤退したのも、まさか自分たちに怖れをなしたからだとは考えもせず、手っ取り早く納得するため「あのときも神風が吹いて助けられたのだ」と後付けしてしまったのだ。これは為政者《いせいしゃ》にとっても、「わが国は神仏の加護を受けているから、外敵に負けるはずがない」と国民に言い聞かせたほうが、統治するうえで都合がよかった。

こうして「神風伝説」はいつしか一人歩きを始めたのだった。

鎌倉幕府滅亡の裏側では、一体何が起きていたのか

▼元寇と後醍醐天皇の暗躍が幕府の命脈を縮める

源頼朝《みなもとのよりとも》が開いた鎌倉幕府は、それから約百五十年たった元弘《げんこう》三年（一三三三年）、足利高《あしかがたか》（尊）氏《うじ》と新田義貞《にったよしさだ》の蜂起《ほうき》によって瓦解《がかい》のときを迎える。この幕府は、その後の室町幕府や江戸幕府とは異なり、初代頼朝から頼家《よりいえ》、実朝《さねとも》と創業家がわずか三代・三十年ほどしか続かず、それ以降の大部分はずっと別の一族（北条《ほうじょう》氏）によって実権を握られてきたという不思議な政権だった。

一体、なぜ鎌倉幕府は滅んだのだろうか。一般的には次の二つの説が有力視されている。二度にわたる元寇《げんこう》（蒙古襲来《もうこしゅうらい》）で国が疲弊したこと。ついで、武家政権を徹底して嫌った後醍醐《ごだいご》天皇の暗躍も軽視できないという。

しかし、もう一つ忘れてならないのが、当時の武家の相続制度が幕府を自滅に

追い込んだとする説だ。はたして、日本史上、この時代にしか存在しなかった「分割相続」とはどんな相続制度だったのだろうか。

▼互恵関係に生じた綻びとは

分割相続について語る前に、この鎌倉時代に生まれた「御家人《ごけにん》」という武士の身分について解説してみたい。御家人がわからなければ話は前へ進まないからだ。

平安時代、貴族や武家の棟梁《とうりょう》に仕《つか》える者は「家人」と呼ばれた。鎌倉幕府が成立すると、将軍に拝謁《はいえつ》を許され主従関係を結んだ武士は御家人と呼ばれるようになる。鎌倉将軍に対する敬意をこめて「御」を付けたものである。

御家人には武士出身者と文官出身者の二通りがいて、前者の代表例は千葉氏、三浦氏、小山氏など頼朝の挙兵に協力した一族が多かった。また後者は大江広元《おおえのひろもと》、三善康信《みよしやすのぶ》、二階堂行政《にかいどうゆきまさ》などである。

鎌倉幕府と御家人の主従関係は「御恩と奉公」という言葉で言い表される。すなわち、御家人になると「本領安堵《ほんりょうあんど》」といって幕府から領地を公認してもらえたり、戦《いくさ》における功労者には恩賞として新しい土地がもらえたり、地頭《じとう》（江戸時代の代官に近い）などの官職にありつけたりした。

さらに幕府は、御家人同士、土地の所有権をめぐって争いが起こると、大事に至らないうちにその争いを仲裁する役割も担っていた。これらが御家人にとっての「御恩」なら、その見返りとして戦時の軍役と、米や銭を税として幕府に納めることが御家人たちの幕府に対する「奉公」であった。

ところが、この鎌倉幕府と御家人の双方にとってありがたいはずの互恵《ごけい》関係にやがて綻《ほころ》びが生じ始める。発端となったのが、元寇である。

▼戦費の一切合切が自己負担

前述のように、元寇とは、元朝の初代皇帝クビライ・ハンが、日本を支配下におさめるため日本の国土に軍隊を送り込んできた事件で、一二七四年の「文永《ぶんえい》の役《えき》」と一二八一年の「弘安《こうあん》の役」の二度にわたって行われた。

二度とも、日本側に決定的なダメージを与えることなく、引き返していったのはご存じのとおり。

この二度の合戦で日本は国家意識を強め、鎌倉幕府のもと御家人・非御家人を問わず一丸となって戦った。ところが、戦が終わってみれば、参加した御家人たちは巨額の戦費負担をいかに返済するかという現実的な問題に直面することになる。なぜなら、石塁《せきるい》（石の砦《とりで》）などの防衛設備を含めた戦費の一切合切が自己負担だったからだ。御家人たちは元軍の三度目の来襲に備え、一段と防備を固める必要があったため戦費は膨らむ一方だった。

これが通常の合戦であったなら、御家人たちは主人から恩賞として戦に敗れた側の所領を分けてもらえたが、今回ばかりはそうはいかない。分け与える土地が無いのだ。それなら幕府の実権を握る北条氏が自分たちの所有する厖大《ぼうだい》な土地の中から一部を割いて分け与えてもよさそうなものだが、それを行ったという事実はない。したがって、御家人たちはまったくのただ働きだったわけである。

▼代を重ねるごとに財産は先細り

元寇が起こる少し前から、市中には貨幣経済が浸透してきており、商人と違って現金を持たない御家人たちは現金を得るために、それまで「一所懸命《いっしょけんめい》」に守ってきた土地を手放す者が相次ぐようになっていた。しかも、そこに追い打ちをかけたのが、分割相続である。

鎌倉時代の財産相続のならわしは、子供たち全員で、庶子《しょし》にも女子にも仲良く分け合うというものだった。全員に分配されたのは一族の結束を固めるためであった。庶子はわかるとしても、女子にも財産が相続されたことは興味深い。この時代、現代のわれわれが想像する以上に女性の地位は高かったのだ。結婚後も名前を変えず、自分の財産は自分の財産としてしっかり管理した源頼朝の妻、北条政子はその典型だろう。

それはともかく、この方式だと代を重ねるごとに土地は細分化され、財産は先細りした。御家人としての義務である軍役さえままならなくなり、結果的に土地を手放す者が続出した。いわゆる無足の（禄の無い）御家人である。御家人たちが手放した土地は北条一族がどんどん買い漁り、まさに独り勝ち状態となった。

そのため、全国の御家人から幕府に対する不満の声が噴出するようになった。困った幕府は、総領だけが相続する「単独相続」に切り替え、しかも女子の相続は一代限りとし死後は総領に返還されるむね方針転換を図る。――そんな幕府体制が大きく揺らぎ始めた状況下に勃発したのが、元寇であった。

▼御家人や民衆の心が幕府から離れる

外敵に対し幕府と御家人が一丸となって戦っている間はよかったが、元寇が終息すると、ただ働きに終わったということでまたぞろ御家人たちの幕府に対する不満が噴出するようになる。そこで幕府は徳政令（「永仁《えいにん》の徳政令」＝一二九七年）を出し、御家人を救済しようとした。

これは早い話、御家人たちが手放した土地は無償で返還されるという無茶苦茶な法令だった。この法令によって土地を買った者は大損することになり、結果的に御家人に金を貸す者がいなくなったため、御家人たちの生活はいよいよ困窮の度合いを深めることとなった。

こうした相次ぐ失政により、御家人や民衆の心は幕府から離れていき、やがて幕府の崩壊——建武《けんむ》の新政へとつながっていくわけである。

嘉吉の乱からはじまった室町幕府・瓦解への道

▼幕府や将軍の権威を失墜させた応仁の乱

室町幕府は暦応《りゃくおう》元年（一三三八年）八月、足利尊氏《あしかがたかうじ》によって京都で開かれてから、天正《てんしょう》元年（一五七三年）ごろに織田信長《おだのぶなが》に滅ぼされるまで、ざっと二百四十年間日本史上に存続した。印象が薄い（？）割にはかなりの長期政権である。この間、初代尊氏から十五代義昭《よしあき》まで、江戸幕府と同じく十五人の将軍が存在した。

この室町幕府二百四十年間を通じて、もっとも大きな事件はなにかと問われて、いの一番に「応仁《おうにん》の乱」をあげることに誰しも異論を挟まないだろう。

足利将軍家の後継ぎ問題をきっかけとして、諸大名が東西両軍に分かれて十一年間も争い、京都を焼け野原にしてしまった日本史上最大の内乱である。この大乱が呼び水となって幕府や将軍の権威が急落、実力本位の下剋上《げこくじょう》の風潮が全国に拡大し、幕府の崩壊につながったというのが定説だ。

しかし、この大乱が起こる以前に、幕府の権威を失墜《しっつい》させるもう一つの事件があったことはあまり知られていない。その事件「嘉吉《かきつ》の乱」がなければ、のちの応仁の乱は起こらず、室町幕府の寿命ももう少し延びていたかもしれないというのだ。一体、嘉吉の乱とはどんな事件だったのだろうか。

▼くじで選ばれて将軍の座に

嘉吉の乱の主役は室町幕府第六代将軍足利義教《よしのり》といい、在職中は「万人恐怖」と言われたほど独裁政治を行った人物である。父は、政治、経済、文化の面でも室町時代の最盛期を築いたとされ、鹿苑寺《ろくおんじ》金閣寺を建立《こんりゅう》したことでも知られる三代将軍義満《よしみつ》である。

この義教が将軍になったときの経緯が面白い。五代将軍義量《よしかず》は生来の病弱で将軍在職三年目に十九歳で早世したため義量の父で前将軍の義持《よしもち》がしばらく政務を代行することになった。その後、この義持が後継者を指名しないまま亡くなった

■嘉吉の乱が起こった頃の西日本の勢力図

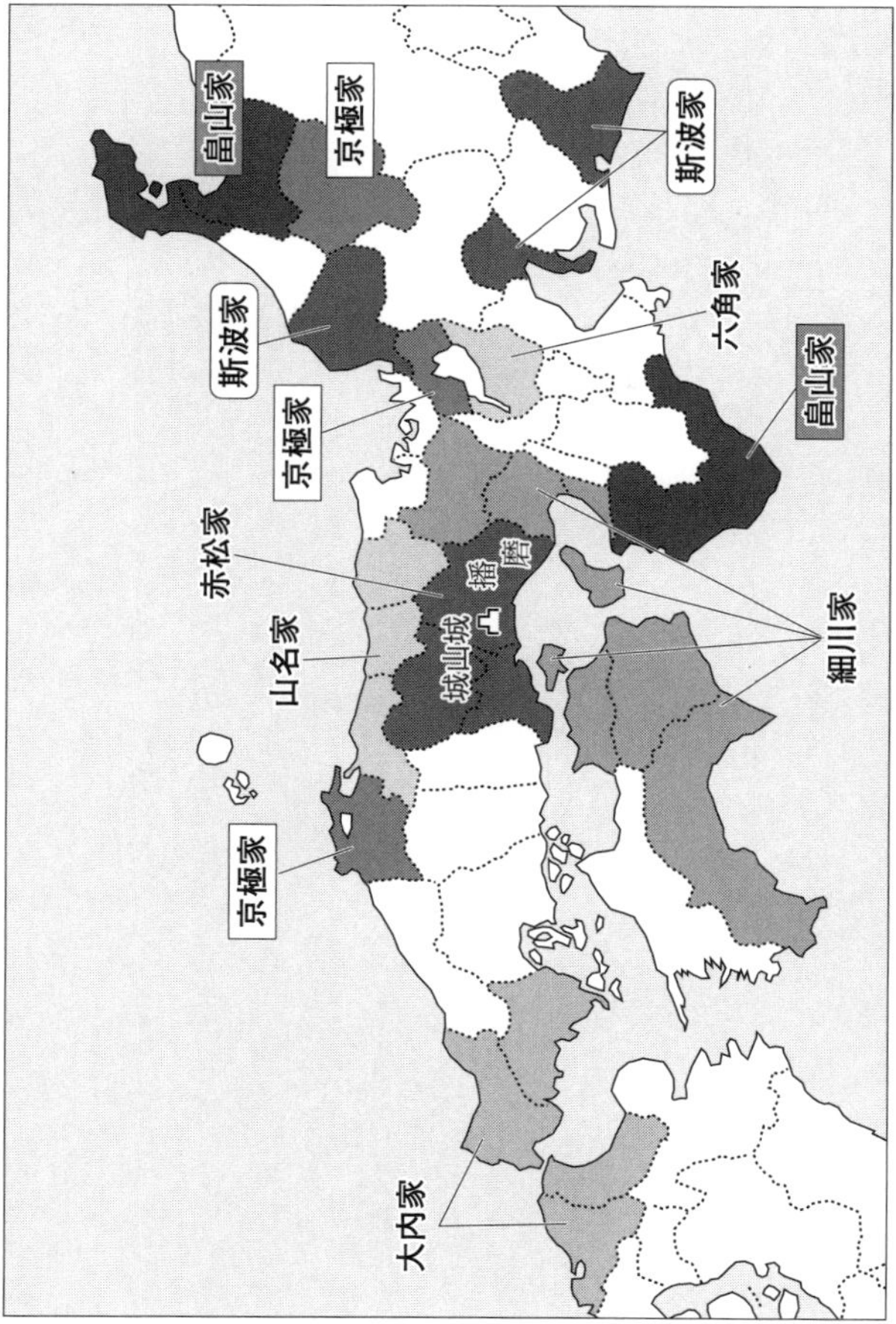

ことから、義教を含む義持の弟たち四人でくじ引きが行われ、義教が六代将軍に選ばれたという次第。義教三十六歳のときである。

義教が将軍の座に就《つ》いたころというのは、旧南朝勢力である北畠満雅《きたばたけみつまさ》の反乱が起きたり鎌倉公方《くぼう》の足利持氏《もちうじ》が幕府に反抗の動きを見せたり畿内各地で土一揆が頻発《ひんぱつ》したりして京都周辺は騒然としていた。こうした状況を打開するには将軍の権威を取り戻し幕府の統制を強める一手に如《し》くは無し、と義教は考えた。

この義教の独裁政治はあらゆる分野に及んだ。例えば、関東管領《かんれい》の上杉憲実《うえすぎのりざね》に足利持氏を攻めさせてこれを滅ぼし、土一揆も圧倒的な力で次々に鎮圧《ちんあつ》した。さらに、自分のやり方に少しでも楯《たて》突く気配を見せた相手は、公家でも大名でも容赦なく粛清《しゅくせい》した。その一方で義教は、義持の代から中断していた明《みん》（中国）との勘合《かんごう》貿易を再開させたり軍制改革に着手したりもしている。

▼信長よりも前に比叡山を攻めた義教

義教はまた、歴代の権力者が誰一人手をつけなかった、いわば治外法権の比叡《ひえい》山延暦寺《ざんえんりゃくじ》を攻めてもいる。これは寺領の境界や金の貸し借りをめぐって延暦寺側に専横な振る舞いが目立ったことに加え、延暦寺が鎌倉公方の持氏と組んで幕府に対し謀叛《むほん》を企《くわだ》てているという情報が耳に入ったからだった。

このときの延暦寺への攻撃によって本堂（根本中堂）が焼失してしまった（火をかけたのは延暦寺側だったが……）。この事件は、織田信長が行った「比叡山焼き討ち」に先立つこと約百四十年前の出来事である。信長よりも前に日本仏教の聖地・比叡山延暦寺に戦《いくさ》を仕掛けた権力者がいたとはまさに驚きである。

――こうした義教の強権支配によって、上は公家や守護大名、僧侶、下は庶民に至るまで義教を怖れない者はいなかった。まさに「万人恐怖」であった。

そんな義教の恐怖政治に対し、人一倍戦々兢々《せんせんきょうきょう》とする人物が義教の身近にいた。播磨《はりま》の守護大名で、義教を補佐する宿老《しゅくろう》の一人であった赤松満祐《あかまつみつすけ》。この嘉吉の乱のもう一人の主役だ。

満祐がなぜ将軍義教を怖れたかというと、幕府の重職を担う三管四職《さんかんししき》（三管とは管領を斯波《しば》、細川《ほそかわ》、畠山《はたけやま》の三家から、四職とは侍所《さむらいどころ》長官を赤松、一色《いっしき》、山名《やまな》、京極《きょうごく》の四家から選んだ）のうち、ほとんどが義教によって追及や処分を受けており、唯一、四職の赤松氏だけが無傷だったからだ。

▼殺《や》られる前に殺ってしまえ

「次はおれの番か……」

満祐の焦燥《しょうそう》は日々募《つの》る一方だった。そんななか、「公方様（義教のこと）は赤松満祐の領地を召し上げるらしい」という噂が満祐の耳に飛び込んでくる。

この瞬間、満祐の頭の中で何かがはじけた。人一倍短気な性格だったと言われている満祐は噂の真偽を確かめることもせず、周囲の人々を仰天させる行動に出る。なんと、京都西洞院《にしとういん》にあった自邸に猿楽《さるがく》鑑賞の口実を設けて義教を招待したうえで、義教を暗殺してしまったのだ。嘉吉元年（一四四一年）六月二十四日のことである。

満祐自身、幕府に対して反乱を起こそうという気はさらさらなかった。恐怖の対象であった将軍義教を排除することだけが目的だったからだ。満祐としては義教を暗殺した後、自邸にとどまって幕府の討手《うって》を引き受け、華々しく討ち死にする腹積りだったのだが、なぜか討手は一向にやって来なかった。

こんな大事件に遭遇して幕府の首脳部は一体なにをしていたかというと、事件を知ってただ周章狼狽《しゅうしょうろうばい》するばかりで、討手を出すことさえ頭に浮かばなかったのだという。絶対的権力を持った主君が突然いなくなったことで、下の者たちはなにをどうしてよいのか判断がつかなかったのである。

そんなことを知ってか知らずか、拍子抜けしてしまった満祐は、義教の首を掲げて堂々と播磨に帰国してしまう。途中、満祐の進路を阻《はば》むような幕府の追手や弔《とむら》い合戦に出ようとする守護大名が現れることは一切なかったという。

▼事件から二十日近くもたって軍を派遣

この事件について、同時代を生きた伏見宮貞成親王《ふしみのみやさだふさしんのう》（後花園《ごはなぞの》天皇の父）はその日記『看聞日記《かんもんにっき》』のなかで、「本当は将軍が赤松を討つ予定だったらしいが、これも自業自得。将軍ともあろう者がこのような犬死をするとは、これまで聞いたことがない」と冷ややかに書いている。

この日記からもわかるように、将軍義教はこの時代の人々にまるで人気がなかったようである。義教の死を悲しむ声はどこからも聞こえてこない。それこそ、死んでくれて清々した、というのが大方の本音だったのだろう。

こうした風潮を反映してか、幕府はまず義教の遺児千也茶丸《せんやちゃまる》（義勝《よしかつ》）を後継将軍と決め、そののち事件から二十日近くもたった七月十一日にようやく満祐追討《ついとう》の軍を派遣したのだった。

満祐は幕府軍を迎えてよく奮戦したが、結局は衆寡《しゅうか》敵せず、九月十日になって弟義雅《よしまさ》らとともに城山《きのやま》城（兵庫県たつの市）で自刃して果てた。こうして将軍暗殺から二カ月半もたって、どうにかこうにか事件は終息したのだった。

この嘉吉の乱は、もしも事件が起きた直後に幕府の討手によって満祐が討たれていたなら、これほど大きくなることはまずなかった。少なくとも幕府に対する「反乱」とはならず、私闘による「殺人事件」として片付けられたはずである。

▼いつのまにか満祐は朝敵に

何度も言うが満祐自身、幕府に対し反乱を起こそうとして将軍を殺したわけではない。本当に反乱を起こすつもりなら、同盟者を集めるなど事前工作をぬかりなくやったはずである。しかし、そうした動きは一切みられない。今回の事件は、満祐が一時の激情にかられてやったことだったのだ。

討手がやって来ないので仕方なく国へ帰ったところ、幕府側ではこれを「反乱」と決めつけ、朝廷にかけあって後花園天皇から赤松氏征伐《せいばつ》の綸旨《りんし》を出してもらうことに成功する。こうして赤松満祐は天下に隠れもない「朝敵《ちょうてき》」となってしまった。これには満祐自身がいちばん驚いたのではないだろうか。

それはともかく、この嘉吉の乱によって足利将軍家の権威は地に堕ちた。しかも、それまで義教が諸大名の上に十三年間も魔王の如く君臨し、頭を押さえつけていたのだが、その重しが取り払われたことで、その反動で将軍家の権威を蔑《ないがしろ》にし、それぞれが勝手な行動を取るようになってしまう。

しかも、義教の跡を継いだ七代義勝は在任わずか八カ月で十歳で亡くなり、その次の八代義政《よしまさ》も十四歳の若さで将軍の座に就いている。つまり年少の将軍が二代続いたことで、幕府の統制力は弱まり、いよいよ諸大名の独断専行が強まっていくのである。

諸国の有力大名たちが東西に分かれて争った天下の大乱――応仁の乱が起こるのはこの嘉吉の乱から二十六年後のことである。

4章

そして、彼らは消えていった
——時代を動かした権力の興亡

源義経を追い落とした梶原景時がやがて自らも滅びるまで

▼戦の天才も末路は悲惨

日本の歴史に登場する武将で、あなたは誰がお好みだろうか。戦国ファンであれば、やはり戦国の三英傑と称される織田信長《おだのぶなが》、豊臣秀吉《とよとみひでよし》、徳川家康《とくがわいえやす》のうちの一人をあげる人が多いことだろう。だがしかし、「戦《いくさ》の天才」といったら、この人にとどめを刺すのではないだろうか。そう、源義経《みなもとのよしつね》である。

義経は、兄源頼朝《よりとも》の命を受け、わが世の春を謳歌《おうか》する平氏《へいし》一門を武力で滅ぼした立役者と言ってよいだろう。

そんな戦の天才も末路は哀れだった。その独断専行を嫌った頼朝によって奥州に追いつめられ、敢《あ》え無い最期を遂げたのはご存じの通り。

後難を恐れ、義経を排除するよう頼朝に強く進言した人物がいた。それこそが本編の主人公、梶原景時《かじわらかげとき》である。しかし、そんな景時もやがて一族滅亡の悲惨な憂き目に遭うことになる。とかく讒言《ざんげん》（人を悪く言うこと）癖があり、周囲の嫌われ者だったという景時の落日の顛末《てんまつ》をたどった。

▼頼朝、九死に一生を得る

梶原景時と、のちに仕《つか》えることになる源氏の棟梁《とうりょう》源頼朝との出会いは劇的だ。治承《じしょう》四年（一一八〇年）八月、頼朝が伊豆で挙兵すると、景時は同族の大庭景親《おおばかげちか》らとともに「石橋山合戦」で頼朝を破る。

もともと梶原氏は源氏の家人だったが、「平治《へいじ》の乱」（一一五九年）で源義朝《よしとも》（頼朝の父）が滅んだ後は平氏方に属していた。

石橋山合戦で敗れた頼朝は、伊豆の山中に逃れ、現在の湯河原町のあたりで洞窟にしばらく潜《ひそ》んでいたという。

そこを運悪く、景時とその手勢に見つかってしまう。頼朝はとっさに懐剣を抜いて自害をはかろうとしたが、景時はその手を押し止《とど》めて、

「お助けします。そのかわり、戦に勝利した暁《あかつき》には、どうぞわたしのことを忘れ

ないでいただきたい」そう言い残してその場を立ち去ったという。

こうして頼朝は九死に一生を得た。もしもこのとき頼朝が自害するなり景時に捕縛されるなりしていたら、当然、のちの鎌倉幕府はなかったはずである。

その後頼朝は再挙に成功し鎌倉に入ると、景時が対面を求めてきて、潔く降伏を申し出た。養和《ようわ》元年（一一八一年）正月のことである。こうして景時は頼朝の家来——御家人に列した。頼朝三十五歳、景時四十二歳のときであった。

▼実務型官僚として活躍する

頼朝は、景時にいくつかの役職を与えてしばらくはその働きぶりをみていたが、景時は武勇に優れているばかりか、その他大勢の鎌倉武士と違って教養があり、能吏《のうり》としての才能にも恵まれていることをすぐに看破《かんぱ》し、侍所所司《さむらいどころしょし》に任命する。

侍所とは現代の防衛省と検察庁を合わせたような組織だった。軍事政権である鎌倉幕府にとっては最重要組織であり、そこの所司ともなれば別当《べっとう》（長官のこと）に次ぐ役職で、まさに大抜擢《ばってき》といえた。この侍所で景時は、御家人たちの行動を監視し、理非曲直を明らかにすることが頼朝から与えられた任務だった。

そんな実務型官僚の景時が才能の一端を示したのは、寿永《じゅえい》三年（一一八四）正月に起こった「宇治川の戦い」であった。これは頼朝に命じられた源範頼《のりより》・義経兄弟と、同族である源（木曽）義仲《よしなか》との間で繰り広げられた戦いである。

この合戦では範頼・義経兄弟が勝利し、義仲は近江国粟津《あわづ》（大津市）で戦死する。範頼と義経はさっそくそのことを鎌倉に伝えた。その報告書はいたって簡素な内容で、頼朝をがっかりさせた。ところが、合戦に参陣した景時から送られてきた報告書はそれらとは正反対で、合戦の様子や討たれた相手の武将とそれを討った味方の武将の名前に至るまで、事細かく記述されていたという。

そんな景時が、やがて生涯最大の「敵」と対立することになる。すなわち、源義経との確執《かくしつ》である。

▼逆艪論争で決定的な対立に

景時と義経の本格的な対立は、宇治川の戦いのすぐ後に起こった「一ノ谷の戦い」で幕を開けた。このとき景時は軍奉行《いくさぶぎょう》として義経についていたのだが、両者は「軍勢を二手に分けての挟み撃ち」（義経）、「味方は兵の数で劣るため鎌倉の援軍を待ってから動くべき」（景時）——をそれぞれ主張しあって譲らず、一触即発状態となった。

結果的にその後の合戦では、義経の奇襲作戦が採択され、しかも源氏の圧勝に終わった。勝利の喜びにひたる源氏軍の中で、景時ひとりが苦い思いをかみしめていたことは想像に難くない。

この一ノ谷の戦いからちょうど一年後に起こった「屋島の戦い」でも二人はぶつかった。世にいう「逆艪《さかろ》論争」である。讃岐《さぬき》国屋島に本拠を置く平氏軍をたたくための作戦会議を開いていたさなかにそれは始まった。

まず景時が、水上戦には不慣れな坂東《ばんどう》武者が多いことを考慮し、「兵船の進退を素早くするために船首にも艪（逆艪）を取り付けてはどうか」と主張した。すると義経が「はじめから逃げ仕度をしてどうするのだ。そんなものを付ければ兵が臆病風に吹かれるのにきまっている」と反論。

「それは猪《いのしし》武者というものだ」と景時が決めつけると、義経は「戦とはただ攻めに攻めてこそ勝利を得られるものと知れ」そう言って景時をハッタとにらみつけ、いまにも刀を抜こうとしたため、周囲の武者たちがあわてて制止したという。

▼身から出た錆びで滅んだ義経

こののち、壇ノ浦の戦いで平氏は滅亡した。一ノ谷の戦いから一年と少しのことだった。義経の活躍がなければこれほど短期間に平氏が滅ぶことはなかったであろう。しかしながら景時は、胸の内ではそのことを認めつつも、平氏との戦いにけりがついたのち、次のような意味の報告を頼朝にあげている。

「判官殿《ほうがん》（義経のこと）は傲慢《ごうまん》で、わたしがどんなにお諫《いさ》めしても聞いてもらえません。われわれはまさに薄氷を踏む思いです。合戦が終わった今はただ関東へ帰りたく存じます」（『吾妻鏡《あずまかがみ》』より）

これをたんに讒言ととるのは早計だ。指揮した数々の戦から類推するに、やはり義経という武将は自己中心的な性格だったことは間違いないようだ。たとえば壇ノ浦の戦いでは、当時は禁忌《タブー》とされていた敵船の梶取《かじと》りを弓で狙うよう命令を出している。そんな非情な命令を平気で出せる人物が味方の武将から好かれていたとは到底思えない。それゆえ、義経が頼朝の怒りを買った際、味方の武将の中で誰一人として義経を擁護する者が名乗り出なかったのである。

ということは景時のこのときの報告書は、讒言というよりも義経に対する正しい評価と考えるべきなのかもしれない。義経こそは身から出た錆《さ》びによって自滅したのである。

▼将軍頼家から鎌倉追放の処分を

実務に長《た》けた高級官僚として頼朝に重用された景時だったが、建久《けんきゅう》十年（一一九九年）正月十三日、その頼朝が急逝《きゅうせい》すると、不吉な影がさしはじめた。

頼朝の跡を継いだ十八歳の嫡男頼家《ちゃくなんよりいえ》には父のようなカリスマ性はなく、二代将軍を名乗ってわずか三カ月で将軍の権限のうち最も重要な訴訟《そしょう》（裁判）の採決権を奪われてしまうありさまだった。代わって幕府宿老《しゅくろう》十三人による合議制がしかれることになり、景時もその十三人の中に名を連ねていた。

そんな景時が、頼朝の忠臣であった結城朝光《ゆうきともみつ》が故主をしのんで不用意な発言をしたことを伝え聞き、そのことを頼家に讒訴《ざんそ》した。これがいけなかった。驚いた朝光が仲のよい有力御家人に相談すると、逆に景時の排斥《はいせき》を求める連判状をつくろうということになり、たちまち六十六名分もの署名を集めることに成功する。

かつて頼朝の庇護《ひご》のもと、自分たちの行動を監視する目付として絶大な権力をふるった景時に対し、将軍が替わってもまだ権力をふるうつもりかと御家人たちは一斉に不満の声をあげたのだった。

こうして、その年の十一月十二日、景時は将軍頼家から呼び出しを受け、鎌倉追放の処分を下されてしまう。

▼結城朝光を不安に陥れた人物とは

翌正治《しょうじ》二年（一二〇〇年）正月二十日、景時は嫡男景季《かげすえ》ら息子たちを含む一族郎党三十三人を引き連れ、京都へ上る道中の駿河《するが》国狐ケ崎《きつねがさき》（現在の静岡市清水区と推定されるが異説もあり）において、在郷武士や、追跡してきた相模《さがみ》の飯田家義《いいだいえよし》らの襲撃を受け、合戦となる。

景時らはよく奮戦したが、多勢に無勢で、やがて三十三人全員が討ち取られてしまう。その後、全員の首が路傍《ろぼう》に晒《さら》されたという。景時の享年六十一（異説あり）。頼朝が亡くなってちょうど一年後に起きた事件だった。

こうして景時一族は滅亡したのだが、この「梶原景時の変」には黒幕がいたという説がある。その黒幕とは幕府の有力御家人の一人だった北条時政《ほうじょうときまさ》だ。頼朝の正室北条政子《まさこ》の父にして、景時の変ののち幕府の初代執権《しっけん》となる大立者《おおだてもの》である。

時政が事件の黒幕だったことを裏付ける状況証拠は多い。まず、事件の発端となった結城朝光に対し、「あなたは景時の讒訴によって間もなく殺されることになっている」と報告し、朝光を不安に陥《おとしい》れた人物がいた。時政の娘阿波局《あわのつぼね》である。この阿波局の告げ口を信じ込んだがために朝光は仲間を集め景時の排斥を実行するようになったのだ。

さらに、景時を討った相模の飯田家義には当時、時政の息子義時《よしとき》（鎌倉幕府二代執権）に対し大きな借りがあった。家義の領地に年貢《ねんぐ》問題が起こり、家義は地頭職《とうしょく》を召し上げられる寸前までいったのだが、その危機を救ったのが義時である。そのときの恩があったため、義時の命令に従って景時一族を襲撃したのだという。しかも、景時が討たれた駿河国は当時、時政の領地だったというおまけ付きだ。

▼景時は殺されても仕方なかった？

こうした状況証拠から考えて、北条時政・義時父子《おやこ》が事件の黒幕だったことはほぼ間違いない。おそらく時政・義時父子は、頼朝が存命だったころは頼朝の腹心として働いた景時が目障りで仕方がなかったのだろう。

　自分たち御家人にとって都合が悪いことでも平気で頼朝に告げ口をしてしまう景時をいつか痛い目に遭わせてやろうと機会をうかがっていたのだ。いま、景時を幕府の中枢《ちゅうすう》から追放することに成功したとはいっても、積年の恨みは拭《ぬぐ》い難く、この機会に完全に葬《ほうむ》ってしまおうと考えたのであろう。

　その後、鎌倉北条氏は自分たちが編纂《へんさん》した『吾妻鏡』の中で景時をことさら悪人に仕立てることに成功している。これは、もしも時政・義時父子の犯行であることがのちに露顕《ろけん》したとしても、景時は殺されても仕方がない人物だったという情報操作を行ったからにほかならない。

　なんだか、景時という人物はそれほど悪人ではなかったように思えてきた。日本の歴史のなかで実務官僚の権化といえば、もうひとり戦国時代の石田三成《いしだみつなり》を思い浮かべる人も多いだろうが、政争や合戦に明け暮れるような時代になると、どうしても三成や景時のような実務官僚はワリを食うことになるようである。

黄金文化を築いた「奥州藤原四代」はなぜ四代目で〝自滅〟したのか

▼平泉を攻める口実をつくってしまった義経

平安時代後期、奥州・平泉の地に京をもしのぐ一大黄金文化を築いた一族がいた。藤原清衡《ふじわらのきよひら》、基衡《もとひら》、秀衡《ひでひら》、泰衡《やすひら》のいわゆる奥州藤原四代である。最盛期の三代秀衡の治世には「奥州の鎮守府《ちんじゅふ》将軍家」を自認し、北方の王者として君臨した。

源平の内乱の際は、源平の両方から援軍要請を受けたが、秀衡はこれを対岸の火事と静観して動かなかった。そのため平氏を滅亡させて鎌倉に幕府を開いた源頼朝《みなもとのよりとも》にとって奥州藤原氏は最大最後の対抗勢力であり、一日でも早くこの地上から抹殺したい相手だったのである。

そんな頼朝の思惑を知ってか知らずか、弟義経《よしつね》によって絶好の機会がもたらされる。平氏との戦《いくさ》でスタンドプレーが過ぎて頼朝の怒りを買ってしまった義経が、

■源義経と奥州藤原氏の関係図

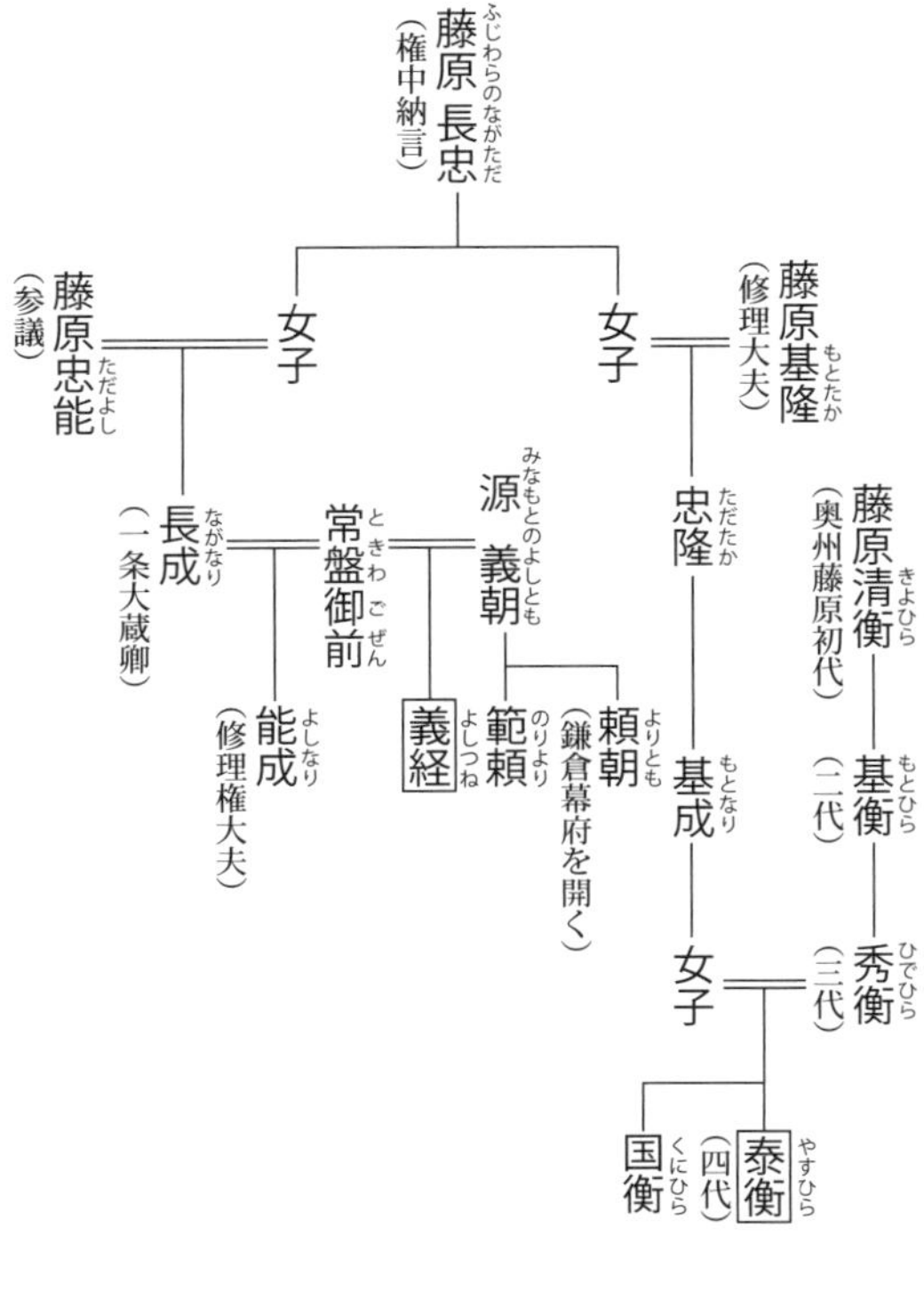

少年時代に世話になった奥州藤原氏を頼り、平泉に逃げ込んだのだ。

これで平泉を攻める口実ができたと喜んだ頼朝はさっそく秀衡に使者を送り、「義経を立てて反逆を企《くわだ》てるつもりか」と恫喝《どうかつ》してきた。それに対し秀衡は「そんな気持ちは毛頭ない」と返したが、胸の内では鎌倉との決戦はもはや避けられなくなったと覚悟を決めたのだった。

▼奥州藤原氏の四代目を継いだ泰衡

鎌倉との決戦に備えて戦仕度《いくさじたく》を始めた秀衡だったが、やがて思わぬ不幸に見舞われる。突然の病で床についてしまったのだ。臨終の枕元で秀衡は、息子たちと義経を呼び寄せると、次のような意味のことを遺言した。

家督は二男泰衡が継ぎ、長男国衡《くにひら》は泰衡の補佐を努めてほしい。また、義経には二人を盛り立てながら大将軍として奥州軍の総指揮をとり、攻め寄せる鎌倉軍を防いでほしい——というものだった。

泰衡は二男とはいえ正妻の子で、国衡は側室の子だった。そのため泰衡は早くから嫡子《ちゃくし》の扱いを受けており、家督相続について誰にも異論はなかった。義経もまた、大恩人の秀衡が喉から絞り出すように語った末期《まつご》の願いを快諾したことは言うまでもない。

こうして一代の英傑、藤原秀衡が亡くなった。文治《ぶんじ》三年（一一八七年）十月二十九日のことである。享年六十六（異説あり）。

さて、秀衡の跡を継いだ四代泰衡という人物だが、後世の評判は必ずしも芳《かんば》しいものではない。なぜなら、こののち頼朝の恫喝に屈して義経を殺害したばかりか、奥州藤原氏を滅亡させた張本人と考えられているからだ。

▼頼朝、九州からも兵士を動員する

泰衡は、討ち取った義経の首を鎌倉へ送り、「これで一安心」と、ほっと胸をなでおろしたのもつかの間、案に相違して頼朝が奥州征伐の大軍を送り込んできたため、あわてて次のような書状を頼朝に送って泣きついたという。

「義経を匿《かくま》ったのは父秀衡が一存で行ったこと。自分はあずかり知らない。それどころか、貴殿の命令で義経を討ったのだから、これは勲功《くんこう》というものではないか。どうか、お赦《ゆる》しを頂いて御家人の列に連《つら》なりたい。それが無理なら、死罪だけは免じてどこかへ流してほしい」

まさに、父秀衡とは似ても似つかない愚か者ぶりだ。このことは鎌倉幕府の公式記録『吾妻鏡《あずまかがみ》』に記載されていて、泰衡の小心さを示す好例としてよく引き合いに出されるものだ。

それはともかく、その後の泰衡だが、頼朝が自分の願いを無視して進軍をやめなかったことから、さすがに腹をくくり、兄国衡を総大将として鎌倉軍を迎え撃った。その場所は、陸奥《むつ》国阿津賀志山《あつかしやま》（現在の福島県伊達郡国見町）であった。『吾妻鏡』には、鎌倉軍二十八万対奥州軍十七万とあるが、これはかなり誇張された数字だろう。ただ、頼朝はこの一戦で奥州藤原氏を完全に根絶やしにする考えだったらしく、九州からも兵士を動員するほどだった。

▼蝦夷に渡って再起を図る計画

いずれにしろ、兵の数では劣るとはいえ、自軍には地の利があったため、泰衡も国衡も互角以上の勝負を期待したが、その期待はあっさり裏切られてしまう。

それはそうだ、一方はこの百年というもの奥州の地で戦もなく安閑《あんかん》と過ごしてき

奥州藤原氏四代の栄華を今に伝える中尊寺金色堂（覆堂《さやどう》）

たのに対し、もう一方は平氏との戦に明け暮れ、戦塵《せんじん》の中を駆け回って来たのだ。到底、奥州軍は精強な鎌倉軍の敵ではなかった。奥州軍はたちまちのうちに潰走《かいそう》した。この合戦で総大将の国衡は戦死を遂げている。戦の天才、義経がもしもこの合戦で指揮を執《と》っていたなら、様相は違ったものになっていたことだろう。

その後、泰衡はいったん平泉に戻ったが、すぐに居館に火を放って北へ逃亡、出羽国比内《ひない》（現秋田県大館市）の家臣・河田次郎《かわだのじろう》を頼った。泰衡はそのまま蝦夷地《えぞち》（北海道）に渡って再起を図る腹積もりだったという。ところが河田は寝返り、泰衡を討つとその首を持って平泉まで来ていた鎌倉本軍の頼朝に差し出した。文治五年（一一八九年）九月六日のことである。

泰衡の首は前九年の役《えき》の故実にならい、眉間《みけん》に八寸（約二十四センチ）の鉄釘を打ち付けて柱にかけられたという。のちにその首は平泉に戻され、父祖の霊が眠る中尊寺金色堂に納められた。

▼『吾妻鏡』の記述は信用できるのか

ここまで見てくると、泰衡の度し難い人間性が浮き彫りとなり、百年間栄華を誇った奥州藤原氏が滅んだのも自業自得に思え、同情の念はわいてこないが、はたして偉大な父秀衡の血を受け継いだ男が本当にこのような愚物《ぐぶつ》だったのだろうか。秀衡はそんな泰衡の性格を十分知ったうえで後継者に指名したのだろうか。

研究者の多くは、『吾妻鏡』にある泰衡について書かれたことは、捏造《ねつぞう》や誇張に満ちていて信用できないと述べている。泰衡に限らず、『吾妻鏡』の中には被征服者について触れた記述で明らかな間違いが散見されるという。公式記録とはいえ、勝利した側の都合のよいように記録されるのは歴史のならいである。

では、実際の泰衡はどんな人物だったのだろうか。

研究者がまず注目するのが、父秀衡が亡くなってから泰衡が義経を討つまでに約一年半かかっている点だ。この間、泰衡は父の遺命を守り、兄国衡や義経と協力し合い、鎌倉との戦の準備に明け暮れていた。義経は周辺から兵士集めに奔走《ほんそう》し、泰衡のほうは主に防衛線の整備に力を注いでいたことがわかっている。

たとえば、鎌倉軍を迎撃するために阿津賀志山と福島盆地の南端に巨大な壕《ほり》や土塁《どるい》を構築している。阿津賀志山の防塁だけでもその規模から推《お》して、一日に五千人の人夫を動員したとしてもたっぷり八十日間はかかる大工事だったとみられている。これだけ大勢の人夫を督励《とくれい》して働かせるには、上に立つ者にそれ相当の熱量がなければ下はついてこないものだ。

▼断腸の思いで義経を殺害した？

ということは、この時点での泰衡は、鎌倉との合戦を目前に控え、満々たる闘志を秘めて敵を待ち構えていたことがうかがえる。

ところが、鎌倉から「義経の首を差し出せ」と矢の催促が来るに及んで、とうとう抗しきれなくなり、泰衡は義経の殺害に至る。それは、父秀衡と交わした約束を破ることになるため、おそらく泰衡は断腸の思いで実行したに違いない。

後世言われるように、泰衡が小心な愚物であったなら、強大な鎌倉軍との戦はハナから考えず、即座に義経を討ち、その首を持って頼朝の前に馳せ参じたはずである。父秀衡の死後、一年半もたってから義経を殺したということは、それだけ合戦か降伏かで悩みぬいた証拠ではないだろうか。

おそらく泰衡は、三代百年にわたって父祖たちが築き上げてきた、黄金に彩られた一大仏教都市・平泉を、自分の代で戦火にさらしてはならないと思い定め、泣く泣く義経を討ったのだろう。泰衡は奥州藤原氏の棟梁《とうりょう》として最善の手段をとったのである。ところが、敵（頼朝）は一枚上手だった。義経の首だけでは満足せず、藤原氏そのものを滅亡させるべく奥州に攻め入ってきたため、泰衡の思惑は見事にはずれてしまった。

▼領民に慕われていた泰衡

秋田県大館市二井田《にいだ》に、錦《にしき》神社という名の小さな神社がある。泰衡が河田次郎に謀殺《ぼうさつ》され、それを憐《あわ》れんだ土地の人々が首のない泰衡の遺体を錦の直垂《ひたたれ》（武家の衣服）に包んで丁寧に埋葬したところ、その墓は「にしき様」と呼ばれ、やがてそこに神社が建てられた。それがこの錦神社だという。泰衡の命日である九月三日には今も欠かさず祭事が執り行われている。

この「にしき様」の話は民間伝承の類《たぐい》で確証があるわけではないが、こうした話が伝わっているということは泰衡もまたそれまでの三代の父祖同様、領民に慕われていたという証《あかし》ではないだろうか。泰衡はけっして小心な愚物などではなかったのである。

豊臣秀次とその一族を抹殺した秀吉の秘められた真意

▼晩年期の秀吉は別人？

日本史の偉人の中で豊臣秀吉《とよとみひでよし》ほど人生の青・壮年期と晩年期で、戦国史ファンの好き嫌いがはっきり分かれる人物も珍しい。

小田原の後北条《ごほうじょう》氏を攻略して晴れて天下統一を実現するまでを青・壮年期とするなら、その後の晩年期は自分にとって茶道の師匠である千利休《せんのりきゅう》に切腹を命じたり、二度にわたる無益な朝鮮出兵（唐入り）を行ったり、キリシタンを弾圧したり……と、まさに悪行三昧《あくぎょうざんまい》である。

なかでも、この晩年期に秀吉が犯した、朝鮮出兵と並ぶ最大の愚行と言われるのが、豊臣秀次《ひでつぐ》とその一族を粛清《しゅくせい》した事件である。豊臣秀次とはご存じのように秀吉の姉の子、つまり秀吉の甥《おい》っ子にあたり、秀吉自身、一度は自分の後継者に指名したほどの人物である。

秀吉は、そんな秀次に無実の罪をかぶせて切腹させたばかりか、残った秀次の妻子や側室など眷属《けんぞく》三十数人を公開処刑に処したのである。あの魔王と怖れられた織田信長《おだのぶなが》でさえもここまで残虐な行為を身内に対して行ったことはない。一体、秀次とその一族を抹殺した秀吉の真意はどこにあったのだろうか。

▼秀頼の誕生が秀次の人生を狂わせる

天正《てんしょう》十八年（一五九〇年）七月、小田原城を攻略して天下統一を果たした秀吉。まさに、人生の絶頂期であった。ところが次の年が明けると、立て続けに不幸が襲ってきた。まず、一月二十二日に最も信頼する身内であった実弟秀長《ひでなが》が五十一歳で、ついで八月五日に愛息鶴松《つるまつ》が数え三つで亡くなったのである。

とりわけ、鶴松が死去したときの秀吉は、そのまま後を追って死んでしまうのではないかと思わせるくらいの落胆ぶりだったという。天正四年に最初の子（石《いし》松丸《まつまる》）を亡くしてから十三年目にしてようやくできた男児だっただけに、掌中《しょうちゅう》の珠《たま》を失って生きる張りをなくしてしまったのだ。

このときから秀吉はその辛さを振り払うかのように、かねて温めていた朝鮮出兵を強く主張するようになったという。おそらく秀吉は、鶴松を亡くしたことによる衝撃で頭の中で何かが壊れ、それ以後狂気を宿すようになったのだろう。

この年の十二月、秀吉はもはや自分には新しい男児はできないとあきらめたのか、秀次を養嗣子《ようしし》と定め、彼に関白の位を譲る。そして、自分は朝鮮出兵に邁進《まいしん》しようと腹をくくった矢先、側室の淀殿《よどどの》が懐妊したことがわかる。

「どうか男の子を」

そう念じていると願いが天に通じたのか、玉のような男の子が誕生する。のちの悲運の貴公子秀頼《ひでより》である。喜びを爆発させる秀吉。文禄《ぶんろく》二年（一五九三年）八月三日のことだった。この瞬間、秀吉の後継者となるはずだった秀次の運命は大きく変転することとなった。

▼謀叛の疑いをかけられる

文禄元年四月に始まった第一次朝鮮出兵（文禄の役）では、秀次は参加していない。持病の喘息《ぜんそく》を理由に出陣を断っていた。この文禄の役は秀頼が生まれる前

■木下氏略系図

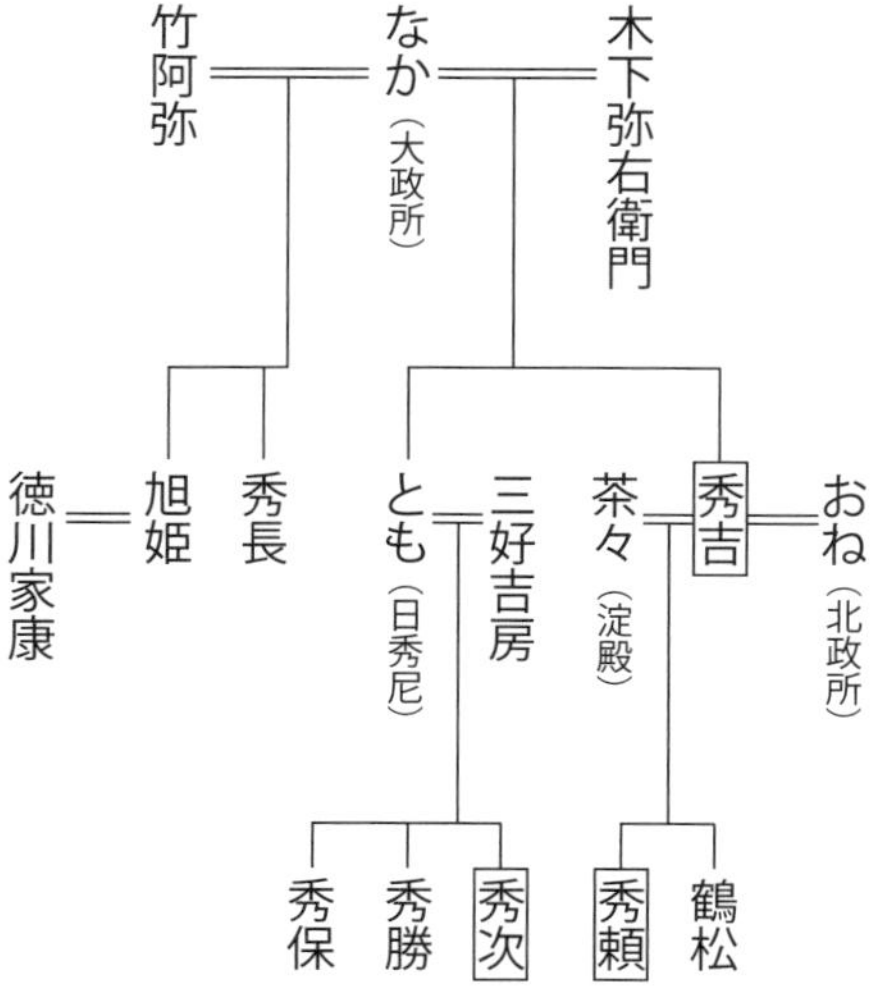

ここに登場する竹阿弥《ちくあみ》は秀吉の生母なかの再婚相手。秀吉の天下取りを輔佐した秀長の実父である。また、秀吉の姉ともの夫・三好吉房《みよしよしふさ》は、元は尾張の平凡な農民だったが、ともを妻にしたことで人生が180度変わってしまった人物。晩年は法華の行者となり、79歳まで生きた。

月の文禄二年七月にいったん終息し、その後、明《みん》（中国）との間で戦後交渉が行われることになるのだが、事件はそのさなかに起こった。

文禄四年（一五九五年）六月末のことだった。秀次が鷹狩《たかがり》と称して毛利輝元《もうりてるもと》などと密会し、自分に対し謀叛《むほん》を企《くわだ》てているという噂が、伏見城にいた秀吉のもとに流れてきた。そこで秀吉は七月三日になり、石田三成《いしだみつなり》や前田玄以《まえだげんい》ら奉行衆を聚《じゅ》楽第《らくだい》にいる秀次のもとへ派遣して真偽を確かめさせた。

秀次にすれば、まさに寝耳に水の話だった。そこで秀次は、石田三成らの求めに応じて、「事実無根、謀叛などは毛頭考えていません。太閤《たいこう》（秀吉）には今後も忠誠を誓います」といった意味の誓紙《せいし》を差し出したという。

それから五日後の八日になり、前田玄以、宮部継潤《みやべけいじゅん》、山内一豊《やまうちかつとよ》らが聚楽第を訪れ、秀次に伏見へ出頭するよう促す。ここに至り、じかに秀吉と面会して疑いを晴らすに如《し》くはなしと判断した秀次は重い腰を上げ、伏見へと向かった。

ところが伏見に到着すると秀次は、登城も拝謁も許されず、秀吉の側近である木下吉隆《きのしたよしたか》の屋敷に留め置かれてしまう。そのうち使者がやって来て、頭を丸めて高野山に入るよう命じられる。愕然《がくぜん》とする秀次だったが、命令には逆らえず、剃髪染衣《ていはつぜんえ》の姿でその日のうちに伏見を出立する。

▼まるで犬猫の死骸を扱うように

七月十日、秀次は高野山青巌寺《せいがんじ》に入り、監禁状態に置かれた。十五日になり、秀吉から賜死《しし》の命が下ったと福島正則《ふくしままさのり》によって伝えられ、秀次は即座に切腹して果てた。結局、秀次は、秀吉にじかに一言の弁明もできないまま亡くなった。享年二十八。翌十六日、福島正則が高野山から持ち帰った秀次の首を検《あらた》めた秀吉は、周囲の人々があっと驚く一言を口にする。

「秀次めの妻子・側女《そばめ》どもを残らず処刑せよ」

こうして八月二日、京都・三条河原において日本史上にも例がない、公開による残酷極まりない大量殺戮《さつりく》が繰り広げられることとなった。処刑対象となったのは、美女の誉れ高かった正室一の台をはじめ、五人の幼い子供たち（若君四人、姫君一人）、側室、侍女、乳母らで、合計四十人近くを数えた。

側室や侍女らまで殺されたのは、腹に秀次の胤《たね》を宿しているかもしれないと危惧《きぐ》したからであろう。側室の中には、山形から上京したばかりの最上義光《もがみよしあき》の愛娘駒姫《こまひめ》もいた。このとき十五歳の駒姫は東国一の美少女と評判だった。父義光に因果を含められ秀次の側室になることを承知した駒姫だったが、京都に着いたばかりで、まだ秀次の顔も見ないうちに捕らえられ、処刑されたのであった。運が悪いとしか言いようがない。

妻妾《さいしょう》や子供たちは、まず秀次の腐りかけた首を見せられた後、一人ずつ首を刎《は》ねられたり胸を突かれたりして殺害され、犬猫の死骸でも扱うように一つの大きな穴にほうり込まれていった。あまりの酷《むご》たらしさに見物に集まった京童《きょうわらべ》はさすがに辟易《へきえき》し、「豊臣の天下もそう長くないに違いない」と噂しあったという。

▼秀次は近江八幡では今も名君

後世、秀次がこうした悲惨な末路を迎えたのは本人の自業自得である、と言われた。なぜなら、秀次は若いころから粗暴な性格で、ときには新刀の切れ味を試すため無辜《むこ》の民を辻斬りしたり、ときには笑いながら妊婦の腹を裂《さ》いて胎児を取り出したりしたという。それが本当なら狂人以外のなにものでもない。

しかし、こうした秀次に関する悪い噂は、すべて彼が亡くなってから出てきたもので、生前、このような蛮行《ばんこう》に手を染めたという記録は存在しない。それどころか、秀次は古典籍《こてんせき》の収集家として知られ、書や茶道、連歌、能楽をたしなむ一流の教養人であった。同じ趣味を持つ公家や町人らとの付き合いも多かった。

また、秀次が若いころに五年間統治した近江八幡《おうみはちまん》では、町割りや水路を整備するほか、楽市楽座政策を推《お》し進め自由商業都市としての礎《いしずえ》を築いたことから、今日でも町の人々から秀次は名君として慕われているという。

当時、日本に滞在していた宣教師ルイス・フロイスも秀次のことを、「若年ながら道理と分別をわきまえた人で、物事に慎重で思慮深かった。また、普段、良識のある賢明な人と会談することを好んだ」と評している。おそらく、これが本当の秀次なのだろう。笑いながら妊婦の腹を裂くような狂人ではなかったのだ。

▼あまりにもコトが滞りなく運びすぎる

では、そんな教養人で統治能力があり、人柄も申し分なかった秀次はなぜ秀吉によって抹殺されたのであろうか。後世、この事件の真相については、豊臣家に内紛を起こさせ内部崩壊やイメージダウンを狙った徳川家康《とくがわいえやす》の陰謀説、あるいは、わが子かわいさから邪魔な秀次を葬《ほうむ》るよう淀殿が秀吉を焚《た》き付けたという説が有力視されているが、どうも決め手に欠ける。

ここはやはり直球どまんなか、淀殿同様、秀吉がわが子かわいさの妄執《もうしゅう》にとらわれ、自分の目が黒いうちに秀頼を一日でも早く自分の後継者に据えたいと念願し、そのために障害になる秀次を葬ったと考えたほうが一番すっきりする。なぜなら第一に、秀次に謀叛の動きがあると秀吉が騒ぎ立ててから、実際に秀次が切腹するまで、わずか半月余りしかたっていない点に注目したい。

あまりにもコトが滞《とどこお》りなく運びすぎるのだ。かりにも相手は関白の位を持ち、秀吉の後継者と目された人物なのだ。そんな重要人物がこんなにも短期間に処分されたということは、ハナから秀吉の頭の中で青写真が描かれていたからにほかならない。

それと、秀次が謀叛の企てをするため密会したと疑われた毛利輝元だが、輝元はこの秀次事件の直後に処罰されるどころか、秀吉の推挙によって従三位《じゅさんみ》権中《ごんちゅう》納言《なごん》に昇っているのだ。このことを一体どう考えたらよいのだろうか。

「名前を使わせてもらって悪かったね」

秀吉はそう言って、輝元の名前を利用してありもしない謀叛の企てをでっちあげたことに対し、陳謝の気持ちから位階を授けたのではないだろうか。

▼会わなかったことがなによりの証拠

秀吉が事件の黒幕だったことを裏付ける決定的な証拠をもうひとつ。それは、秀次の謀叛疑惑が出たあと、秀吉が自分から秀次に会う会うと言いながら、最後まで会わなかったこと。

たとえば、七月八日に秀次が弁明のため伏見にやって来た際、秀吉は面会を許さず、即刻高野山に入るよう使者を通じて命じている。こんな大事な命令なら、ちゃんと秀次と顔を合わせて自分の口から言ってもよさそうなのに、それさえしていないのだ。一度は自分の後継者に指名した、かわいい甥っ子なのに、である。

このことはつまり、二人が面会して話し合えば、秀吉が自分を陥《おとしい》れようとしていると、聡《さと》い秀次なら即座に看破《かんぱ》したはずだ。秀吉はそれを怖れたのである。ゆえに秀次に会おうとしなかったことが、なによりも秀吉自身が陰謀の黒幕であることを如実に物語っているのである。

賤ヶ岳での柴田勝家の敗北の裏に見え隠れする二人の裏切り者の謎

▼勝家、お市の方と共に天に散る

織田信長《おだのぶなが》が本能寺の変で横死した翌年、すなわち天正《てんしょう》十一年（一五八三年）四月二十四日夕刻、北陸越前《えちぜん》の夜空に突如として轟音《ごうおん》と共に巨大な火柱が立ちのぼった。織田家随一の猛将にして信長から越後の上杉氏攻略を任されていた柴田《しばた》勝家《かついえ》が、居城北庄城《きたのしょうじょう》（福井城の前身）もろとも華々しく滅亡した瞬間であった。

羽柴《はしば》（豊臣《とよとみ》）秀吉《ひでよし》との天下の覇権《はけん》をかけた戦い――賤ヶ岳《しずがたけ》の戦いに敗れ、越前に落ち延びた勝家。死出の道連れを自ら申し出た忠義な家臣八十余名と共に天守に籠《こも》ると、城を包囲する秀吉の大軍を尻目に盛大な酒宴を催したのち、まず正室お市《いち》の方《かた》（信長の妹）を彼岸《ひがん》へと送り、自らは腹を十文字にかき切って息絶えた。その後、家臣の一人が、用意した大量の火薬に火をつけ、城と共に勝家主従を夜空に吹き飛ばしたのであった。

自他ともに認める織田家の筆頭家臣であったはずの勝家は、昨日今日成り上がってきた秀吉になぜ賤ヶ岳で敗れたのだろうか。この勝敗を分けたのは、勝家方に二人の裏切り者がいたからだという。その二人とは一体——。

▼佐久間盛政、勝ちに驕る

天正十一年二月下旬、柴田勝家は越前と若狭《わかさ》を隔《へだ》てる雪の木芽峠《きのめとうげ》を越えて近江《おうみ》路《じ》を進撃、北近江の山岳地帯で羽柴秀吉軍と対峙《たいじ》した。そのまま一カ月ほどこう着状態が続いたが、最初に動いたのは柴田方だった。四月十九日深夜、佐久間盛政《さくまもりまさ》が羽柴方の最前線基地であった大岩山砦《とりで》に奇襲をかけ、これを奪取する。

事前の作戦では、砦を攻略後、速やかに撤退するはずであったが、勝ちに驕《おご》った盛政は勝家の命令を無視して砦に居座ってしまう。すると、佐久間勢に大岩山砦が攻撃されたことを大垣城で知った秀吉は、ただちに馬上の人になると、前線の木之本《きのもと》まで駆けに駆けた。大垣から木之本まで、ざっと十三里（約五十二キロメートル）の山道だ。その距離を完全武装の兵士たちは五時間で移動したという。

秀吉にとっては、備中《びっちゅう》高松城攻めの際、本能寺の変を知って山陽道を駆け抜けた、いわゆる中国大返しに続く、人生二度目の強行軍であった。

秀吉本隊が木之本に到着したことを知り、「まさか、こんなに早く……」と激しく動揺する佐久間盛政。たちまち秀吉軍に攻め込まれ、佐久間隊は孤立状態となる。このとき佐久間隊の後方に控えていた一隊があった。前田利家《まえだとしいえ》の軍勢だった。盛政は前田隊の救援を期待したのだが、なぜかその期待は裏切られてしまう。前田隊は何の前触れもなく、戦線を離脱してしまったのだ。

これにより、勢いに乗った秀吉軍に攻められ佐久間隊は北へ敗走。しかも、その佐久間隊に引きずられる形で無傷の柴田軍本隊までもが敗走するありさまで、こうして賤ヶ岳の戦いは柴田軍の完敗に終わった。

▼勝家を、おやじ、おやじと慕う

前田利家とは、加賀百万石の礎《いしずえ》を築いた戦国武将である。この時点で利家は柴田勝家の家来ではなく与力という立場だった。そんな利家は、直属の上司である勝家が秀吉と戦うことになって勝家から助勢《じょせい》を懇願《こんがん》され、大いに悩んだらしい。

■豊臣秀吉の賤ヶ岳進撃ルート

大垣城から、前線基地である木之本まで秀吉軍は駆けに駆けた。
ざっと13里（52キロメートル）の山道を、
完全武装の兵士たちは５時間で移動したという。
途中途中であらかじめ農民らに握り飯や
松明（たいまつ）を用意させていたが、
これは石田三成の計らいだった。

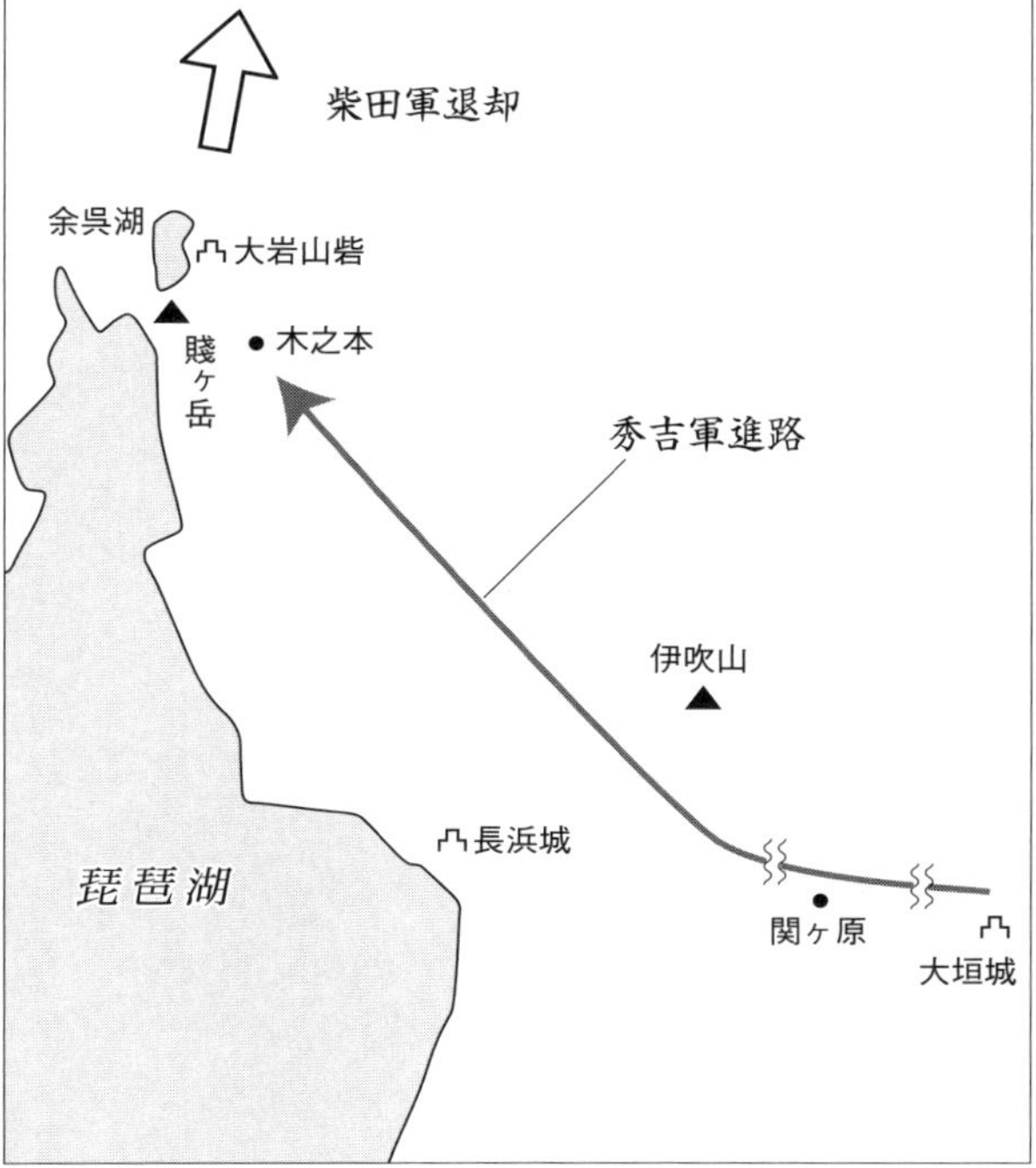

というのも、利家と秀吉はともに若いころからの竹馬の友であったからだ。一方、利家にとって勝家とは武辺者《ぶへんもの》同士、馬が合う間柄だった。日ごろ、勝家のことを「おやじ、おやじ」と呼んで慕っていたという。たまたま、勝家の与力として北陸にいたため勝家に加勢することになったが、心中は複雑だったに違いない。

こうして利家は決断がつかないまま柴田軍の一隊として戦場に出て、最後の最後になって勝家の味方はしないかわりに秀吉の味方もしないという、消極的な裏切り行為を両軍に対して働いたわけである。利家にとって苦渋の決断だったはずだ。いずれにしろ、このときの利家の裏切りが合戦の勝敗を分けたことは否定できないだろう。

実はもう一人、この賤ヶ岳の戦いで柴田勝家を裏切って窮地に陥《おとしい》れた人物がいた。誰有ろう、勝家の養子、柴田勝豊《かつとよ》である。

▼養父に冷遇された勝豊

柴田勝豊は勝家の姉の子だ。勝家にはもう一人姉（妹説も）がいて、その姉が産んだ兄弟のうち兄が佐久間盛政、弟が勝豊同様、のちに勝家の養子になる柴田勝政《かつまさ》である。つまり、実子に恵まれなかった勝家は二人の姉から一人ずつ甥《おい》っ子をもらい受け、わが養子にしたわけである。

勝豊は本能寺の変で信長が倒れると、新たに勝家の所領となった近江長浜城を任されることになる。勝豊は日ごろから養父勝家と折り合いが悪く、誰の目から見ても冷遇されていたという。原因は勝豊のひ弱さにあった。勝豊は少年のころから病弱で、戦《いくさ》で武功をあげたことは一度としてなかった。

その点、佐久間盛政・勝政兄弟は勝家の血を受け継いで、戦では常に勇猛果敢だった。自然、勝家は盛政・勝政兄弟をかわいがるようになり、宴席では勝豊をさしおいて盛政に最初の盃《さかずき》を与えるほどだった。そのため勝豊は従兄弟《いとこ》に当たる盛政・勝政兄弟も激しく憎んだという。

そんな勝豊は、賤ヶ岳の戦いの直前、秀吉軍に長浜城を包囲されると、病で臥《ふ》せっていたこともあるが、あっさり降伏してしまう。勝豊にすれば、養父や従兄弟たちに対するあてつけ――意趣晴らしだったのかもしれない。

こうして長浜城を易々《やすやす》と手に入れた秀吉は、背後を衝《つ》かれる憂《うれ》いもなくなり、賤ヶ岳一本に集中することができたわけである。

関ヶ原で徳川に味方したにも関わらず、なぜ加藤清正家は取り潰されたのか

▼築城や土木工事の名人

徳川家康《とくがわいえやす》は天下分け目の関ヶ原の戦いに勝利すると、豊臣《とよとみ》方大名の息の根を止めるべく、問答無用の廃絶《はいぜつ》政策に乗り出した。この政策は家康亡き後も将軍たちに引き継がれ、二代秀忠《ひでただ》、三代家光《いえみつ》とこの三代の治世だけでも、様々な理由によって外様《とざま》大名八十余家が取り潰《つぶ》しに遭っている。

加藤清正《かとうきよまさ》を初代藩主とする肥後《ひご》国熊本藩の加藤家もそんな徳川幕府の廃絶政策によって取り潰された外様大名のひとつである。

清正といえば、豊臣秀吉《ひでよし》の配下だった時代は福島正則《ふくしままさのり》と双璧を成す武断派の大《おお》立者《だてもの》で、なかでも朝鮮出兵における鬼神もかくやと思わせる勇猛ぶりはつとに有名だ。

清正はまた築城や土木工事にも長《た》けており、築城では熊本城のほか、朝鮮出兵の際に前線基地となった肥前名護屋城《ひぜんなごや》、さらに江戸城や名古屋城の新築にも携わった。土木工事では領内の治水事業などに取り組み、遺構の中には四百年後の今日でも使われているものが少なくないという。

そんな清正の加藤家は、清正が亡くなって約二十年後に改易処分に遭っていた。その改易理由だが、いまもって詳しいことは謎とされ、確かなことはわかっていない。一体、加藤家に何が起きたというのであろうか。

▼二代目忠広はわずか十一歳で家督相続

慶長《けいちょう》五年（一六〇〇年）の関ヶ原の戦いの際、家康方につくことを決意した清正は、領国の肥後にいて九州の西軍勢力を次々に武力で攻略し、あるいは調略によって味方に引き込んでいった。戦後清正は、このことが功績として認められ、小西行長《こにしゆきなが》の旧領であった肥後の南半分を賜《たまわ》り、合わせて五十二万石の大大名となった。

慶長十四年（一六〇九年）、清正は次女の八十姫《やそひめ》と、家康の十男で、のちに紀州徳川家の祖となる徳川頼宣《よりのぶ》との婚約を成立させる。これで徳川家との太い絆《きずな》ができたと喜んだのもつかの間、その二年後の慶長十六年六月、八十姫の婚礼を見ないまま清正は急な病で亡くなった。享年五十。なお、実際の八十姫の輿《こし》入れは清正の死から六年後に執り行われている。

清正の跡を継いで熊本藩の二代目太守となったのは三男忠広《ただひろ》で、まだ十一歳の少年だった（長男と二男はいずれも早世）。当然、藩をまとめられるはずもなく、藩政は清正時代にはなかった重臣による合議制となった。しかし、これが後々禍《か》根《こん》を残すこととなる。

以来、熊本藩では藩政の主導権をめぐって重臣たちの間で内紛が絶えないようになった。その最大のものが、忠広の代になって七年目に起こった「牛方馬方《うしかたうまかた》騒動《そうどう》」（元和《げんな》四年＝一六一八年）である。

▼藩のもめごとが幕閣に露顕

いずれも藩の家老であった加藤正方《まさかた》一派と加藤正次《まさつぐ》一派による抗争で、命名の由来は、正方の官職が右馬允《うまのじょう》であったことから、判別しやすくするため周囲が正方派を「馬方」、対する正次派を「牛方」とあだ名したことによるという。

その抗争のきっかけだが、なんとも醜いものだった。先の大坂の陣の際、加藤正次が豊臣方へ密《ひそ》かに兵糧《ひょうろう》を送るなど支援をしていたと、正方派が幕府に訴えて出たのである。すると正次派も訴えを起こし、両派は一歩も譲らなかったことから、藩の内訌《ないこう》（うちわもめのこと）が幕府に知られるところとなる。

結局、この騒動は将軍徳川秀忠の直々《じきじき》の裁決によって、馬方派――加藤正方派の勝訴となり、牛方派――加藤正次派の主だった者たちは配流《はいる》などの処分を受けることに。一方、藩主忠広はまだ若年で政務にほとんど関わっていなかったことが考慮され、お咎《とが》め無しと決まる。忠広が、秀忠の養女琴姫《ことひめ》（家康の孫娘、崇法院《すうほういん》）を妻に迎えていたことも判決に有利に働いたとみられている。

御家《おいえ》の取り潰しも予想された最大の危機を乗り越え、ほっと安堵《あんど》した熊本藩加藤家だったが、三代将軍家光の世となり、在国していた忠広は突如江戸の幕閣《ばっかく》から出府《しゅっぷ》命令を受け、改易を言い渡される。寛永《かんえい》九年（一六三二年）五月のことだった。

まさに、忠広にとって青天の霹靂《へきれき》であった。改易の理由として幕閣が並べ立てたのは次のような事柄だった。

▼二十一年間の余生を出羽で過ごす

一つには、幕府に無許可で妻子を江戸から国許《くにもと》へ帰したこと。一つには、家臣団を統率できず、領国経営にも失敗していること。一つには、嫡子光正《みつまさ》の不届き——をあげた。

最後の光正の不届きとは、十八歳になる光正が、ほんの悪戯《いたずら》心から諸大名の名前と花押《かおう》を記した偽《にせ》の謀叛《むほん》の連判状をつくったことを咎めているのである。

こうして忠広はその身を出羽庄内藩《でわしょうない》（山形県鶴岡市）酒井忠勝《さかいただかつ》に預けられ、捨扶持《すてぶち》として一万石を与えられることになる。光正のほうは飛騨高山藩《ひだたかやま》の金森重頼《かなもりしげより》に預けられるが、わずか一年後に十九歳の若さで病死した。

忠広は、正室の崇法院こそ同行しなかったが、母親や側室、二十人余りの家来にかしずかれ、出羽でなに不自由なく暮らした。趣味にしていた文学や音曲、書、和歌、尺八などに明け暮れる日々で、そんな穏やかな暮らしを五十三歳で亡くなるまで二十一年間も続けた。やはり忠広は一国の太守の器ではなかった。彼にとってはしあわせな出羽での暮らしだったに違いない。

ところで、加藤家が改易に遭った理由だが、先にあげた理由はいずれも弱いような気がするのは筆者だけではないだろう。これまで加藤家の改易事件は豊臣恩《おん》顧《こ》の大名を葬《ほうむ》り去りたい幕府に狙い撃ちされたからだと言われてきたが、それが本当なら、牛方馬方騒動のときの好機をなぜ幕府は見逃したのだろうか。きっと、もっと別の理由があったに違いない。

▼兄家光に自害を命じられる

その別の理由として浮上してくるのが、徳川忠長《ただなが》（通称駿河大納言《するがだいなごん》）の存在だ。三代将軍家光の弟である。病弱で内気な兄家光に比して、忠長は容姿端麗《ようしたんれい》で才気《さいき》煥発《かんぱつ》、幼少期から父秀忠に溺愛《できあい》されて育ったという。次期将軍候補としてその座を家光と争ったこともあったくらいだ。そんな忠長は、自分にとっては五つ年上の加藤忠広とすこぶる仲がよかったという。

家光との将軍の座をめぐる争いに敗れた忠長は、家光が三代将軍に就任した翌年、すなわち寛永《かんえい》元年（一六二四年）、十九歳で駿河《するが》藩五十五万石を領有する。

そのとき側近が祝辞を述べたところ、忠長は憮然《ぶぜん》として「これくらいの領地を持つのは当たり前だ。なにがめでたいものか」と答えたという。

その七年後の寛永八年、家臣を手討ちにしたことが、幕府から「不行跡である」として、忠長は蟄居《ちっきょ》を命じられる。翌年には改易処分となり、さらに寛永十年十二月には幕命により自害を遂《と》げている。享年二十八。犯した罪から考えて、あまりにも重い処罰であると言わざるを得ない。

忠長の駿府時代、その奔放《ほんぽう》な言動から、「江戸と駿府の両方に将軍がいてござる」と世間の人々は評したという。

これは家光にとって面白かろうはずはない。少年期に味わった、忠長に対する劣等感が胸の中でずっと燻《くすぶ》り続けていたこともあって、いつか機会をとらえて忠長を葬り去ってしまおうと家光は考えていたに違いない。そんな家光の思惑どおり、忠長は自ら問題（御手討ち事件）を起こしてしまったのである。

▼外様大名たちを集めて宣告

加藤忠広が改易処分を受けたのは、徳川忠長が幕府から蟄居を命じられた翌年のことである。これはただの偶然だろうか。家光にすれば、憎い忠長と仲がよかった忠広を苦境に追い込むことで、忠長の苦しみを倍増させてやろうと考えたのではあるまいか。

さらにまた、加藤家を改易させることは家光にとってもうひとつの目的をかなえることにもつながった。それによって自らの権力を誇示すると同時に外様大名に対する統制を強める効果を狙ったのである。家光は、この加藤家の改易を公表する際、江戸城の大広間にすべての外様大名を集めたうえで宣告したという。

そのとき、集まった外様大名たちの間に、「あの加藤家でさえも取り潰されてしまうのか」と大きな動揺が広がり、自然と自らの襟《えり》を正したことは想像に難くない。家光の狙いは見事に的中したのである。

肥後熊本藩加藤家は二つの理由、つまり家光の歪《ゆが》んだ少年時代の意趣晴らしのためと、幕藩体制強化のために聖書で言うところの贖罪の山羊《スケープゴート》にされて滅んだとする、この説の真偽はいかに——。

5章

あの帝国、あの文明の終焉に隠された謎の全容

世界最古のシュメール文明はどうして崩壊したのか

▼およそ千五百年間、繁栄を謳歌する

初期のメソポタミア文明とされるシュメール文明。ご存じのとおり、エジプト文明、インダス文明、黄河文明と並ぶ、世界四大文明の一つである。シュメール文明はメソポタミア南部、ペルシア湾へと注ぐティグリス川及びユーフラテス川の下流域で紀元前三五〇〇年ごろに成立し、四大文明の中では最も古いとされている。

シュメール人（正確にはシュメール人とは「シュメール語を話す人々」を指す。民族を示す言葉ではない）たちはこの場所で灌漑《かんがい》農業を行って小麦や大麦を栽培した。研究者によると、紀元前二四〇〇年ごろには現在のアメリカやカナダの収穫量にも匹敵するヘクタール当たり平均約二千五百四十リットルもの大麦の収穫

■四大文明とは？

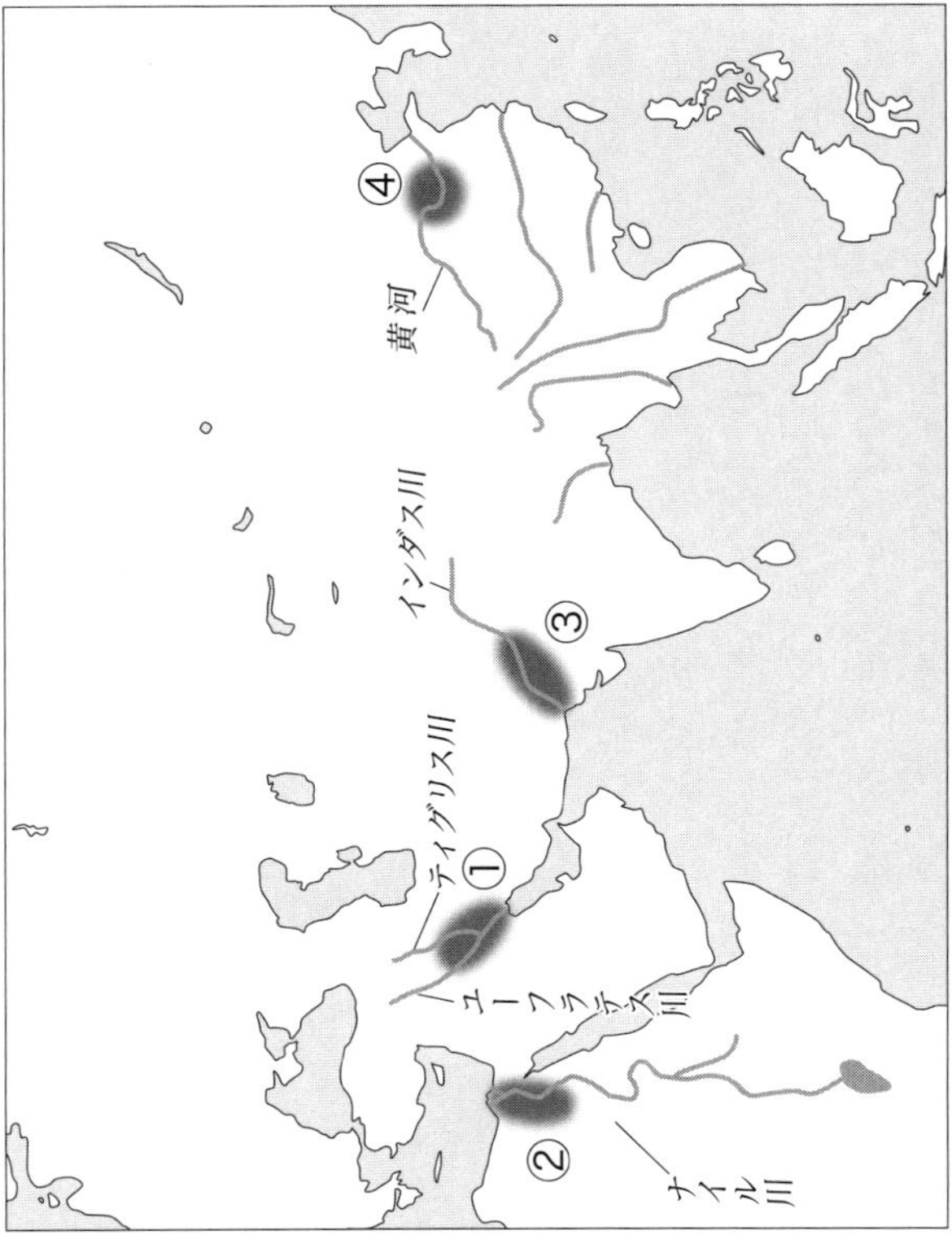

世界四大文明とは、①メソポタミア文明（シュメール文明）、②エジプト文明、③インダス文明、④黄河文明をさす。いずれも大河の周辺で成立した。
人類にとっていかに水の確保が大切だったかがよくわかる。
なお「世界四大文明」という表現を最初に用いたのは
19世紀末の中国人ジャーナリストだったと言われている。

があり、余剰《よじょう》分は他国に輸出するほどだったという。

さらにシュメール人は世界で初めて都市を建設し、これまた世界最初の文字言語である特徴的な楔形《くさびがた》文字を操った。古代文学の傑作「ギルガメシュ叙事詩《じょじし》」もここで誕生している。

そんなシュメール文明も、紀元前二〇〇四年、東方からエラム人（イラン高原に最初に居住した民族の一つ）の進攻を受け、あっさり崩壊してしまう。およそ千五百年もの間、繁栄を謳歌《おうか》した一大文明はなぜこうもあっさり滅んだのであろうか。その真相を探ると意外な原因がわかった。

▼農業生産を上げるため文明が発達

そもそもシュメール人とは何者なのか。彼らは土着の民ではなく、紀元前三千八百年ごろ、突然どこからかやってきて、メソポタミアの地に定住するようになったという。何系の民族だったのかさえ判明しておらず、そのルーツは、聖書の記述や土器などの遺物から推察して現在のイラン南西部あたりから来たとする説もあるが、確かなことはわかっていない。

シュメール人は農耕民族であったため、川の氾濫《はんらん》時期や麦の収穫時期を正確に知る必要があった。そこから文字や太陰暦、七曜制、六十進法などを生みだし、のちのエジプト文明やインダス文明の誕生にも大きな影響を与えた。

都市化が進んだのはウルク期（紀元前三五〇〇～三一〇〇年）の後半からとされ、エリドゥ、キシュ、ニップル、ウルク、ウル、ウンマなどの都市国家が次々と誕生した。なかでも、のちにイラクという国名の由来にもなったと言われるウルクは、最も古く、最も広大な面積を誇り、全長十キロメートルにも及ぶ干しレンガの防御壁の中で、国王以下五万人以上の人々が生活していたという。

近郊の農地には灌漑用の運河が張り巡らされ、麦、雑穀、ナツメヤシ、タマネギ、ニンニク、レタスなど多彩な作物が栽培されていた。また、ウシやブタ、ヒツジ、ヤギなどの家畜も飼われており、現在ではごく当たり前の穀物栽培と家畜の飼育を組み合わせた農業はシュメールが最初と考えられている。

▼塩害で麦の収穫が激減する

そんなシュメールも、やがて主食の小麦栽培が難しくなってくる。原因は塩害だった。こうしてシュメールは滅亡へのカウントダウンを刻み始める。

乾燥地帯では畑に水を散布すると、蒸発によって水に含まれる塩分が地表に蓄積するようになり、作物に影響を及ぼし始める。しかも、シュメールがあったあたりのすぐそばまで、大昔は海が迫っていたため地下水には塩分が含まれていた。そのことも塩害に拍車をかけたという。

そんなこととはつゆ知らず、作物が枯れたことで、これは単純に水不足が原因と考えた当時の人々は、なお一層散布に精を出したものだから塩害を悪化させる結果となった。

その後、ようやく塩害が原因であることに気付いた人々は、それまでの小麦から塩害に強い大麦栽培に切り替え、何とか食糧難を経験せずに乗り切ったが、ここでもうひとつ問題が生じてくる。都市化に伴う森林伐採《ばっさい》によって土壌浸食が進み、河川に土壌が流入するようになったのだ。

このことが灌漑用水路の閉塞《へいそく》を生んだばかりか、堆積《たいせき》した泥には塩が含まれていたため塩害がますます進行した。塩害に強いはずの大麦も、紀元前二四〇〇年ごろを境に収穫量は下降線をたどり、三百年後の紀元前二一〇〇年ごろには最盛期の約四〇％にまで落ち込んでしまった。

こうしてシュメールは塩害から食糧難に陥ってしまった。そうなると当然、国力は落ちる。そこをエラム人につけ込まれたのである。

しかも、シュメールに存在した大小二十ほどあった都市国家はそれぞれ仲が悪く、領土や交易などをめぐって長年争いが絶えなかった。そのせいか、このエラム人の進攻の際、国家同士が共同戦線を張って防いだという記録はない。このことも塩害と並んでシュメールが簡単に滅んだ要因であろう。

▼シュメール人はどこへ消えた？

国を追われたシュメールの人々はその後、どこへ向かったのか、はっきりしたことはわかっていない。のちにメソポタミア文明は、アッカド、バビロニア、アッシリアと、内陸部へ内陸部へと拠点を移していくわけだが、そのなかで取り込まれ同化していったものと考えられている。それにしてもシュメール人とは、ルーツといい、その後の足どりといい、なんと謎の多い人々であろうか。

いまだヴェールに覆われたイースター文明の謎を解く手がかり

▼絶海の孤島に独自の文明が

南米チリの海岸線まで三千六百キロメートル、最も近い有人島まで二千八十キロメートル。この南太平洋に浮かぶ島は何という？　――こんなクイズを出されて、地理に詳しい人ならすぐピンとくるはず。そう、モアイの石像で知られるイースター島である。

日本列島の北海道最北端の宗谷岬から九州本島最南端の佐多岬まで直線距離にして二千キロメートルもない。それを考えると、このイースター島がいかに「絶海の孤島」であるかおわかりいただけよう。ちなみに日本から飛行機で行くには、タヒチを経由して島に直接向かうルートと、北米ロサンゼルスを経由してチリ・サンティアゴから島に入るルートがある。

イースター島にはその昔、ポリネシア系先住民によって独自の文明――イースター文明が栄えていたことをご存じだろうか。それを象徴するのが、島に九百体ほど現存するモアイ像であり、今日では誰も読めなくなったロンゴロンゴと呼ばれる絵文字である。

そんな数百年間存続したイースター文明も、二一世紀の今日に至るまで都合三回も滅びかけたことがわかっている。原因としては森林伐採による環境破壊、あるいは部落間の対立による殺し合い……など様々な説があがっているが、いまもはっきりしたことは不明だ。本稿では最新の学説をもとにそのあたりの埋もれた真相を掘り起こしてみたい。

▼現在では四千人が暮らすまでに回復

イースター島はチリ領の南太平洋上に浮かぶ三角形をした火山島で、北海道の利尻島よりひと回り小さい面積（百六十四キロ平方メートル、全周六十キロメートル）を有する。

一七二二年の復活祭（イースター）の夜、オランダ海軍提督、ヤコブ・ロッヘフェーンによって発見されたことからこの名が一般化したが、正式名称は現地語でラパ・ヌイ、スペイン語でパスクア島とも呼ばれる。一九九五年には世界遺産に登録されている。

一体いつごろからこの島に人々が住むようになったのか、よくわかっていない。四〜五世紀ごろとも、あるいは九〜一三世紀ごろとも言われるが、確証はない。いずれにしろ周辺（といってもかなり遠いが）のポリネシアの島々から勇敢な海洋民族が万里の波濤《はとう》を越えてカヌーで渡ってきたことは間違いないだろう。

一九世紀後半に島は最大のピンチを迎え、住民がいったん途絶えかけたが、その後島外からの移住が進み、現在では四千人ほどが暮らすまでに回復している。

島内にはチリ海軍が駐留し、空港や道路、港湾なども整備され、学校や病院、郵便局、テレビとラジオの放送局、さらにホテルやレストラン、ディスコ、レンタカー店まである。もはや、絶海の孤島といえないほどの近代化ぶりである。

▼わずか半世紀で五分の一に

近年の発掘調査によって、最盛期と思われる一七世紀ごろにはこの島に六千〜

一万人を超えるポリネシア系住民が暮らしていたと推定されている。

ところが、先述したように一七二二年にロッヘフェーン提督が西洋人として初めて足を踏み入れた際、提督は島の人口を三千人ほどと記録している。つまりこの時点で最盛期と比べ、島の人口は二分の一から三分の一にまで減少したことになる。これがイースター島にとっての「第一の悲劇」である。

このとき島は一面草原に覆われ、高さ三メートルを超える樹木は一本も見当たらなかったという。島民は粗末な草葺《くさぶ》き小屋や洞窟《どうくつ》で原始的な暮らしをしており、とても巨大なモアイ像を造る民族には思えなかったと提督は本国に報告している。

それから五十年ほどたった一七七四年、今度はイギリス人の著名な探検家でもあったジェームズ・クック船長が上陸した。このとき彼は島の人口について約六百人と記録している。ということは、ロッヘフェーン提督とクック船長の記録が正しいとするなら、その半世紀ほどの間に何かが起こり、島の人口が五分の一にまで激減したことになる。これが「第二の悲劇」だ。

さらに、一九世紀に入ってもイースター島は決定的な災厄《さいやく》に見舞われていた。ただし、この「第三の悲劇」については原因がよくわかっている。不幸なことに奴隷《どれい》狩りに遭ってしまったのだ。

▼一〇世紀ごろに始まったモアイ建造

一八世紀後半からの約百年間というもの、アイルランドやフランス、ペルーの奴隷商人がたびたびやって来て、武力にものを言わせて島の住人を次々に連れ去ったのである。こうして一八七二年当時で島の人口は年寄りや子供を中心としたわずか百十人ほどにまで減ってしまったという。

このように人口減少の原因がはっきりしているのは第三の悲劇のみで、第一も第二の悲劇もその原因はよくわかっていない。それでも、最新の学説を参考に仮説を立てることは可能だ。以下でその試みに挑戦してみよう。まず第一の悲劇から。

一七世紀ごろに、最大一万人いたと思われる人口が百年足らずでなぜ三分の一から三分の一に減ってしまったのか。そこには環境破壊が大きくかかわっていた。しかも、そのきっかけは島の文化を象徴するモアイ像にあった。

祖先を祀《まつ》り、自分たちを様々な災厄から守ってもらう目的で一〇世紀ごろから始まったとされるモアイの建造だが、人口が増えるにつれて部落間の対抗意識が高まり、いつしか部落の威信を誇示しようとする意味合いが強くなっていく。

こうして部落同士、よその部落より少しでも大型のものをより多く造ろうと張り合うようになる。他の文明から隔絶された世界では往々にして宗教的祭祀《さいし》が生活の大部分を占めるようになるため、彼らはきっと一日の大半をこのモアイ造りに費やしたのではないだろうか。

▼究極の奪い合いが始まる

そうなると、モアイを建造したり運搬したりするのにどうしても大量の木材が必要になるため、島にあった樹木がどんどん伐採《ばっさい》されていった。森林がなくなると養分を含んだ土壌が海へと流れだし、芋類などの栽培が難しくなった。こうして島は食糧難に陥《おちい》ってしまったのである。

近年の植物学者の研究では、イースター島にはその昔、ほかのポリネシアの島々同様、多様な植物からなる森林が存在したことが、花粉の分析によって明らかになっている。特に、椰子《やし》の花粉が大量に発見されている。こうした森林がなくなることで島全体の保水力が落ち、水不足にも陥ったに違いない。

食べ物にも飲み水にも困るようになると、当然人々はその争奪戦を始めるようになる。食べ物や水の奪い合いをしている間はまだよかったが、そのうち「究極の奪い合い」が始まってしまう。第三者を殺してその肉を食らう、いわゆる人肉嗜食《カニバリズム》である。この忌《い》まわしい出来事を裏付けるのが、島にあったごみの集積場だ。そこには明らかに骨髄《こつずい》を取り出すために砕かれたと思われる人骨が少なからずみつかっているという。

こうした殺し合いに嫌気がさした人たちが、わずかに残った木材でカヌーを造り、島外へ逃れたため、島の人口はますます減ってしまった。

——これが第一の悲劇の真相ではないだろうか。

▼犯人は西洋からもたらされた疫病?

第二の悲劇——クック船長が上陸したときのことに話を移そう。ロッヘフェーン提督からわずか半世紀で三千人が五分の一の六百人に減ってしまったのはなぜだろうか。このとき島にあったモアイ像のほとんどが引き倒され、力が宿るとされる目の部分が潰《つぶ》されていたのをクック船長は目撃していた。しかも、島中に骸骨《がいこつ》が散乱し、この数十年間に何らかの原因で大勢の人々が亡くなったことを物語っていた。

研究者によると、これは西洋からもたらされた疫病《えきびょう》（天然痘《てんねんとう》やペスト、梅毒など）によるものではないかという。その疫病はロッヘフェーン提督の船がもたらしたものか、それとも提督の後にスペインの船が来ていたことも確認されており、その船がもたらしたものか判然としないが、骸骨には武器による傷が見当たらないところから、部落間の争いなどではなく疫病によって短期間に大量死したと考えたほうがすっきりするという。

モアイ像が倒されたのも、このときのことではないだろうか。従来は部落間の争いによってそうなったと考えられてきたが、自分たちを様々な災厄から守ってくれるはずのモアイが、疫病に対しては全くの無力だったため、それに怒った島の人たちが腹いせにモアイを引き倒したり目を潰したりしたのではないだろうか。

このように、一度目は環境破壊、二度目は疫病、三度目は奴隷狩り……と、そのつど存続が危ぶまれる悲劇を乗り越えて、今のイースター島があるのである。

砂に埋もれたオアシス国家「楼蘭」と「さまよえる湖」の接点

▼スウェーデンの探検家が発掘

中央アジアを横断する絹の道、シルクロードの一角にその昔、楼蘭《ろうらん》という名の王国があった。中央アジア、タリム盆地のタクラマカン砂漠北東部（現在の中国新疆《しんきょう》ウイグル自治区）に紀元前から五世紀ごろまで存在したオアシス都市国家だ。井上靖の歴史小説『楼蘭』を呼んでその名を知った人も少なくないだろう。

楼蘭は、シルクロードが西域南道と天山南路に分かれる要衝《ようしょう》にあり、当時はロプ・ノールという名の大きな湖の北西岸に位置していたこともわかっている。国家が滅亡してからというもの、一九〇〇年にスウェーデンの探検家、スヴェン・ヘディンによって遺跡が発見されるまで楼蘭は千四百～千五百年間、砂に埋もれたままだった。この間、シルクロードの経路が変更され、ロプ・ノール湖までが干上がって消滅したことから、楼蘭はその場所さえ誰にもわからなくなっていたのである。

中央アジアに花開いたオアシス都市国家はなぜ滅んでしまったのか。そして、探検家ヘディンが遺跡を発見するまでの奇跡の物語を、「さまよえる湖」の謎を絡めながら以下で語ってみたい。

▼西域では中規模程度の国家

楼蘭は、いつ、誰の手によって建国されたのかまったくわかっていない。楼蘭の名が初めて史料に登場するのは、中国の前漢時代の紀元前一七六年のことである。当時、漢の脅威となっていた北方民族の匈奴《きょうど》から漢に送られた書簡《しょかん》の中に、楼蘭を含む西域三十カ国余を支配下に置いたことが記されていた。

その後、楼蘭は漢と匈奴の間で翻弄《ほんろう》され続けるが、前七七年には国王安帰《あんき》が漢によって殺害されるという事件が起こる。以来、漢の圧力で国名は鄯善《ぜんぜん》と改めさせられ、漢の傀儡《かいらい》国家と成り果てる（楼蘭の名はその後も用いられ続けたため、本稿では国名を楼蘭で通すことにする）。

楼蘭の国力だが、前一世紀ごろの漢側の記録として、千五百七十戸に一万四千百人の住民がいたとある。当時の西域では中規模程度の都市国家であったらしい。

楼蘭はその後も中国や匈奴の干渉を受けながらもシルクロードの中継地点であったことが幸いし、繁栄を続けることができた。漢に納める租税として、穀物、ワイン、ラクダ、ヒツジ、バター、カーペットなどが記録されている。また、仏教国であった楼蘭には四世紀末時点で四千人余の僧侶がいたこともわかっている。

そんな楼蘭も、四世紀後半から五世紀前半にかけて急速に衰え始める。これは、それまで楼蘭の発展を支えてきたロプ・ノール湖が干上がり始めたことと無縁ではないだろう。

▼匈奴の侵略で国を捨てることに

ロプ・ノールは、タリム盆地を取り囲む山脈の雪解け水を集めるタリム川が流れ込む湖だった。深いところでも三メートルと推定される水深の浅い湖だったが、紀元前には五十キロメートル四方もあったという。それが百年かそこらのうちに干上がってしまったのだ。理由ははっきりしないが、タリム盆地の乾燥化や雪解

■砂漠に消えたオアシス国家と「さまよえる湖」

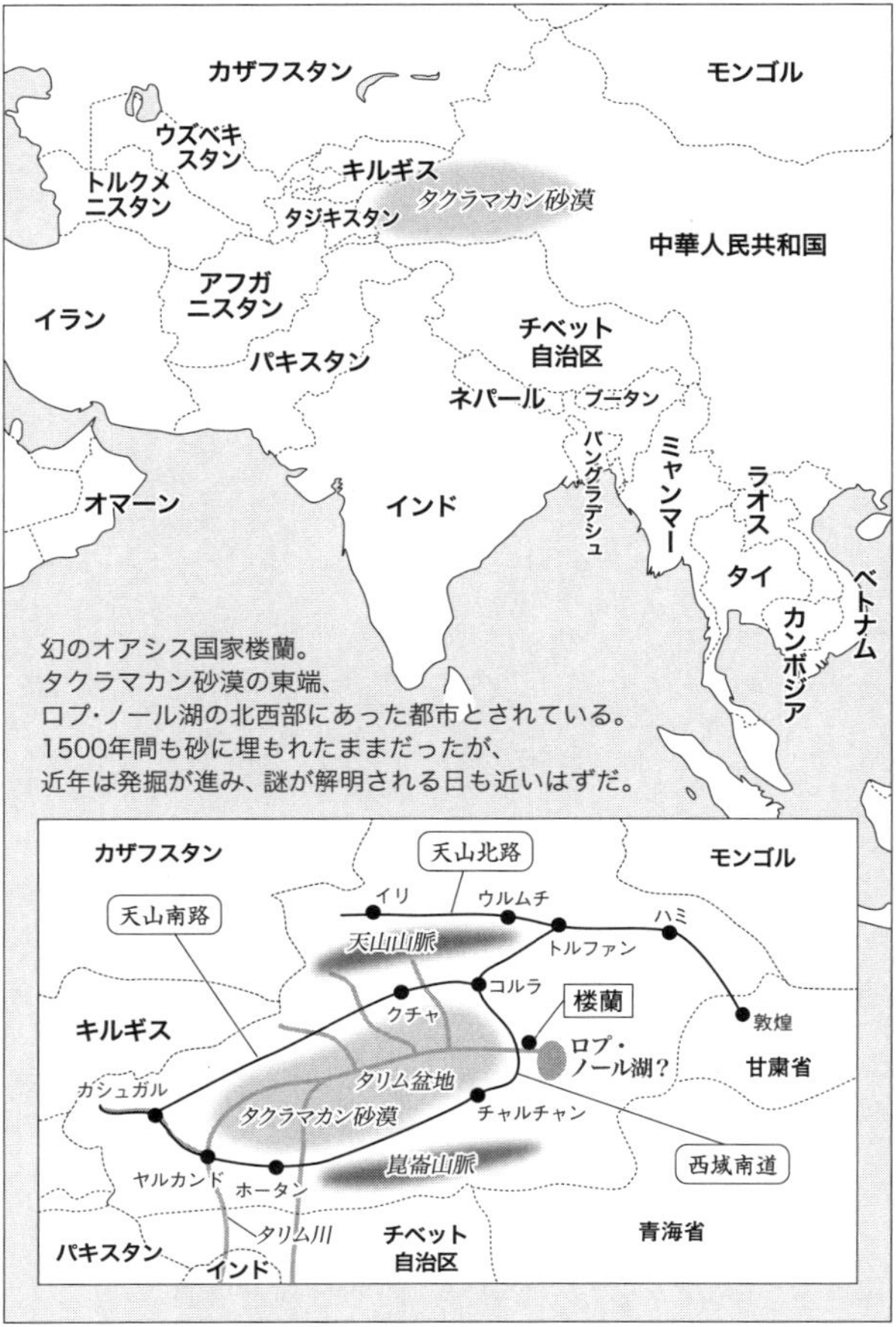

幻のオアシス国家楼蘭。
タクラマカン砂漠の東端、
ロプ・ノール湖の北西部にあった都市とされている。
1500年間も砂に埋もれたままだったが、
近年は発掘が進み、謎が解明される日も近いはずだ。

け水の減少により、湖に水が流れ込まなくなったことが考えられる。

こうしてロプ・ノール湖がどんどん縮小していくなか、さらに悪いことが重なってしまう。四四一年、楼蘭は匈奴系の北涼《ほくりょう》という国に侵攻されたのだ。いったんは押し返したものの再び攻撃されたため国王比竜《ひりゅう》は四千家余を引き連れ、且末《チャルチャン》（かつて西域に存在した小国）へと逃れた。『魏書《ぎしょ》』によると、これは当時の楼蘭の約半数の人口だったという。

史料によっては、湖が完全に干上がったのは四世紀中と書いてあるものもあるが、しかし、これでは辻褄《つじつま》が合わない。北涼に攻め込まれた時点では、楼蘭は他国から侵略を受けるほどまだ魅力のある国家だったのだ。ということは、この時点でロプ・ノール湖にはまだ水が残っていたと考えたほうが、話はすっきりする。

おそらくは北涼の進攻によって人口が半減し、その直後にロプ・ノール湖が完全に干上がったに違いない。そうなると、砂漠のオアシスとしての機能は失われ、シルクロードは楼蘭を大きく迂回するルートに変更されてしまった。こうして楼蘭は廃墟となり、砂に埋もれていったのである。

▼シャベルを置き忘れて戻ると…

ベルリン大学在学中に中央アジア探検を思い立ったスヴェン・ヘディンは、まず、一八九三～九七年にかけてウラル山脈やパミール高原、タクラマカン砂漠などを踏査《とうさ》した。その二年後、今度はタリム盆地に足を踏み入れる。世界中の探検家の関心の的であった、砂に消えた幻のオアシス国家楼蘭とロプ・ノール湖の場所を特定することが目的だった。

このときの探検で、ヘディンは旧タリム川の河床《かしょう》を発見し、それをたどって楼蘭の遺跡とロプ・ノール湖（湖床《こしょう》）の両方を見つけ出すことに成功する。湖床と思われる場所にはそれを証明するように大量の貝殻や厚い塩の層が見つかったという。

楼蘭の遺跡を最初に発見したのは、ヘディンの従者の一人でウイグル人のエルデクという人物だった。それについては、こんな逸話が残っている。

前日のキャンプ地でシャベルを置き忘れてきたことに気づいたエルデクが一人で引き返し、シャベルを持ってヘディンらが待つキャンプ地まで戻ろうとしたところ、途中、砂嵐にあって道に迷ってしまう。仕方なくエルデクはたまたま目の前にあった廃墟に隠れて砂嵐をやり過ごそうとした。

砂嵐がおさまると、エルデクは何気なくそこにあった木彫りの像を持って、ヘディンらが待つキャンプ地へと戻った。従者が持ち帰った木像を見て、ヘディンは飛び上がって驚いた。その廃墟こそが楼蘭の寺院跡だと直感したからである。それは、一九〇〇年三月二十八日のことで、ヘディン三十五歳のときだった。

▼なぜ湖は跡形もなく消えたのか

このときは飲み水が不足していたため改めて出直すことにしたヘディンは、翌年、再びエルデクを従者として、エルデクが見つけた廃墟を訪れている。そのとき同じ廃墟から漢文などで書かれた多数の木簡《もっかん》や紙文書を持ち帰った。専門家に調べてもらったところ、それらは二六五〜三三〇年ごろの間の日付けを持ち、中国（当時は西晋）の駐屯《ちゅうとん》軍が取り扱った記録や往復書簡であることがわかった。

しかも、それらに書かれている内容から、その廃墟は間違いなく楼蘭であったことが判明したのである。ということは、その廃墟のそばに広がっていた古代の湖床はロプ・ノール湖の跡だという証明にもなるわけである。

こうして楼蘭とロプ・ノール湖の場所を特定することに成功したヘディンであったが、彼の頭を悩ませる謎がもう一つ残っていた。それは、なぜあれほど大きなロプ・ノール湖が跡形もなく消え失《う》せたのかという疑問だった。

この疑問に対し、ヘディンはある意外な仮説を導き出す。それは、湖が移動したのだというとんでもない説だった。ヘディンの考えはこうである。

タクラマカン砂漠の北にある天山山脈と南にある崑崙《こんろん》山脈を水源とするタリム川が、山脈から土砂を運び、ロプ・ノール湖にどんどん堆積《たいせき》させていった。そのため水深は浅くなり、川の水はより流れやすい低いほうを求めて流れを変えてしまった。その流れを変えた水は、タリム盆地の東南部にある二つの湖（カラ・ブランとカラ・コシュン）に流れ込んだのではないか——と推理したのである。

▼カヌーで漕ぎ下り自説を証明

その後の調査で、カラ・ブランとカラ・コシュンの湖底には堆積物がたまりつつあり、一方、楼蘭遺跡周辺は烈風によって浸食が始まっていることを確認する。

ということは、いずれは逆の現象が起きて再び楼蘭遺跡周辺に湖が出現するのではないかとヘディンは考えた。つまり、まるで振り子のようにタクラマカン砂漠の東端の百キロメートルも隔《へだ》たった距離で、湖が行ったり来たりしているのだと結論付けたのである。この現象をヘディンは「さまよえる湖」と名付けた。

この学説を裏付けるように、一九三〇年代に入って、タリム川の干上がっていた支流（クルク・ダリヤ）に水が楼蘭遺跡の方向を目指して流れ始めたという噂がヘディンの耳に飛び込んでくる。ヘディンはその噂を一刻も早く自分の目で確かめようと、現地へ向かった。一九三四年春のことであった。

三十四年ぶりにクルク・ダリヤの前に立ったヘディンは、以前は乾燥しきっていた河床に滔々《とうとう》と水が流れているのを目撃する。ヘディンはその流れの先を確かめようと、用意してきたカヌーに乗り込んだ。そして、ついにヘディンが三十四年前にロプ・ノール湖の湖床であると断定した場所までカヌーで漕《こ》ぎ下ることができたのである。このことは千五百年ぶりにロプ・ノール湖が復活したことと、ヘディンの学説が正しかったことを裏付けるものだった。

▼シルクロード研究の発展に寄与

ところが、ヘディンが心血を注いで導き出したこの「さまよえる湖」説は、現代では否定する研究者が多い。上流の天山山脈の降雪降雨量によって湖に流れ込む流量が変わるために消滅と復活を繰り返しているにすぎず、衛星写真などからも湖自体の移動などは起きていないことが明らかだという。事実、一九三四年にヘディンが見つけたロプ・ノール湖はのちに消滅し、その後、今日まで復活と消滅を何度も繰り返しているという。

しかしながら、もしもヘディンの学説が間違っていたとしても、彼がそれまでずっと謎だった楼蘭遺跡とロプ・ノール湖の場所を初めて特定した人物だという事実は変わらない。それによって、のちのシルクロード研究が大きく前進するきっかけとなったことは間違いない。

二〇一七年三月、ロプ・ノール地区における発掘調査で楼蘭王国の首都ではないかと推定される古代城跡が発見されたと中国新疆文物考古研究所が発表した。砂に埋もれた幻のオアシス国家楼蘭を取り巻く謎は、これからも少しずつ解明されていくに違いない。

始皇帝が築いた統一国家「秦」が短期間で滅んだ本当の理由

▼王の中の王を意味する「皇帝」

秦《しん》の始皇帝《しこうてい》（名は政《せい》）は、およそ五百五十年間続いた春秋戦国時代を経て、中国大陸を史上初めて統一した人物である。秦はもともと、現在の西安《せいあん》（昔は長安と呼ばれた）を中心とした渭水《いすい》（黄河の支流）流域の盆地を支配する一諸侯《しょこう》に過ぎなかったが、政が十三歳で即位すると、次々に周辺列国を滅ぼし、即位から二十六年目にして大陸の統一に成功する。

政はその後、王の中の王を意味する尊称「皇帝」を発明し、その最初になることから始皇帝という称号を用いた。始皇帝が統一国家を維持するために行った改革は多岐にわたる。法の厳格化、郡県制の実施、文字の統一、貨幣の統一、度《ど》量衡《りょうこう》の統一、馬車の大きさの統一、焚書坑儒《ふんしょこうじゅ》に代表される思想統一まで行った。

さらに、北方騎馬民族への備えとして万里の長城、美女三千人を集めた大宮殿（阿房宮《あぼうきゅう》）、即位とともに建設がはじめられた自らの墓所（陵《りょう》）など史上稀《まれ》にみる巨大建築物も次々に造らせている。

そんな永遠の繁栄が約束されたかのような秦であったが、建国してわずか十五年、始皇帝が亡くなって四年で早くも滅亡してしまった。一体、中国史上最初の統一国家、秦はなぜこうも短期間に滅んでしまったのだろうか。

▼病死の原因は水銀毒？

始皇帝が四十九歳で亡くなったのは紀元前二一〇年のことである。始皇帝は、中国を統一した翌年（紀元前二二〇年）から国中を視察するために巡行《じゅんこう》を繰り返しており、この紀元前二一〇年に行った、末子《ばっし》の胡亥《こがい》を伴い東南へ向かった第四回目の巡行が人生最後の巡行となった。

始皇帝は、国中の道路網を整備することにも力を入れており、在位期間中に幅三十〜七十メートルの道路を総延長八百キロメートルも造らせている。こうした道路は真ん中だけが少し高くなっており、そこは始皇帝の馬車専用道路だった。

この人生最後の巡行で、平原津《へいげんしん》（山東省平原県）のあたりまで来たとき、帝は突然苦しみだし、そのまま寝付くと、やがて沙丘《さきゅう》の平台《へいだい》（現在の河北省広宗県）というところで崩御《ほうぎょ》した。帝は当時、不老不死の妙薬と信じられていた水銀を普段から服用しており、それが死亡原因となった可能性が高いという。

このとき、始皇帝の死を最初に知ったのが、帝の身の周りの世話をしていた宦官《かんがん》（後宮《こうきゅう》に仕えた去勢《きょせい》男子）趙高《ちょうこう》であった。趙高はここで途方もない悪巧《わるだく》みを思いつく。このたびの巡行に付き添っていた胡亥のもとに向かうと、帝の死を報《しら》せる一方で、こう付け加えた。

「陛下の死を知っているのはあなたとわたしだけ。いまなら陛下の遺言を書き替えて、あなたを次の皇帝に据えることができます」

▼中国史上、最初の民衆の叛乱

暗愚《あんぐ》な胡亥はその趙高の悪巧みにまんまと乗ってしまう。こうして胡亥と趙高は帝の死を周囲に秘したまま咸陽《かんよう》に戻ると、すぐに帝の死去と、遺言によって胡亥が二世皇帝になったことを天下に発表する。しかも趙高は、帝の長男扶蘇《ふそ》に対

1974年に農民によって発見された始皇帝陵《りょう》および兵馬俑坑《へいばようこう》

しては、始皇帝の偽《にせ》の命令書を出し、匈奴《きょうど》（北方の遊牧民族）との戦いで戦果を上げていないことを理由に自殺に追い込む周到ぶりだった。

こうして趙高は、胡亥を傀儡《かいらい》として政治を好き勝手に操るようになった。性格は屈折しており、いったん権力を握って暴走しはじめると、もはや歯止めはきかなかった。趙高は二世皇帝の権勢を笠に着て、自分に楯突く忠臣賢臣を容赦なく粛清《しゅくせい》し、民衆に対しては頻繁《ひんぱん》に土木工事や辺境守備に駆り出すなど恐怖政治を布《し》いた。

すると、こうした圧政に対し民衆が蜂起《ほうき》、全国各地で叛乱が起こるようになる。そんな民衆による叛乱の中国史上における嚆矢《こうし》とされているのが、「陳勝《ちんしょう》・呉広《ごこう》の乱」である。実は、この叛乱が起こったきっかけが少し面白いのだ。

胡亥が二世皇帝に即位した翌年、すなわち紀元前二〇九年七月のことである。半《なか》ば強制的に北辺守備のために徴兵《ちょうへい》された農民九百人余りを引き連れ、任地へ赴《おもむ》こうとしていた陳勝という者がいた。陳勝もまた農民出身の兵士である。ところが、道中、大雨に見舞われてしまい、大沢郷《だいたくきょう》（現安徽省宿州市《あんきしょうしゅくしゅうし》）というところで何日も足留めを食ってしまう。

■秦の建国から西晋までの歩み

西暦	国名	都	初代皇帝	一口コメント
B.C. 221	秦	咸陽	始皇帝（政）	中国の統一が初めて成る
B.C. 202	前漢	長安	高祖（劉邦）	劉邦が項羽を破り、中国を統一
A.D. 8	新	〃	王莽	わずか15年間の短命政権だった
23	後漢	洛陽	光武帝（劉秀）	漢帝国が復興する
三国時代	魏（220）	洛陽	曹丕	希代の英雄・曹操の息子
	蜀（221）	成都	劉備	263年、魏によって滅ぼされる
	呉（222）	南京	孫権	先祖は兵法家・孫武（孫子）とされる
265	晋（西晋）	洛陽	武帝（司馬炎）	司馬炎が魏を内部から乗っ取る。280年、呉を滅ぼし、中国を統一する

▼誰でも王や諸侯になれるのだ

このままでは、命令された期日までに任地に赴くことは到底無理だった。秦には、徴兵されて期日までに任地に着かない者は死罪、という厳しい法律があったため、悩んだあげく陳勝は、同僚の呉広という者と語らい、叛乱を起こすことを決断する。このとき陳勝は引率してきた農民らに向かって、

「生まれたときから王や諸侯、将軍、宰相《さいしょう》になると決まっているわけではない。誰でもなれるのだ」と演説し、鼓舞《こぶ》したという。

こうして陳勝の叛乱軍は瞬《また》く間に数万にも膨《ふく》れ上がり、この叛乱と呼応するように、それまで圧政に耐えに耐えていた各地の将軍や農民らが蜂起した。

その中には、のちに秦を滅ぼすことになる項梁《こうりょう》とその甥項羽《おいこうう》や前漢の初代皇帝となる劉邦《りゅうほう》も含まれていた。まさに、野にあって眠れる獅子《しし》たちをこの陳勝・呉広の乱が呼び覚ました恰好である。

どんな微罪であっても必ず処罰されるという厳格な法治国家を目指していた秦。しかし、その厳しすぎる法ゆえに自ら破滅を招く皮肉な結果となってしまった。

『三国志』の三国のうち最後に残った呉が生き残れなかった裏側

▼三国時代百年の幕を下ろした晋

劉備玄徳《りゅうびげんとく》、諸葛亮孔明《しょかつりょうこうめい》、関羽雲長《かんううんちょう》、張飛翼徳《ちょうひよくとく》、曹操孟徳《そうそうもうとく》、夏侯惇元譲《かこうとんげんじょう》、司馬懿仲達《しばいちゅうたつ》、孫権仲謀《そんけんちゅうぼう》、周瑜公瑾《しゅうゆこうきん》、呂布奉先《りょふほうせん》、貂蝉《ちょうせん》……などなど『三国志』ファンなら、このうちどの名前を聞いてもワクワクするに違いない。

ご存じのように、われわれ日本人が三国志というと、中国の後漢末期から三国時代にかけて群雄が割拠《かっきょ》していた時代の治乱興亡《ちらんこうぼう》について、ほぼ同時代を生きた晋《しん》の官僚・陳寿《ちんじゅ》が正史『三国志』という形でまとめ、それをもとに明《みん》時代（一四世紀後半〜一七世紀半ば）の小説家・羅貫中《らかんちゅう》が読み物に仕立て直した『三国志演義』を指すことが多い。

本稿では、この三国志演義から離れて、三国時代の終焉《しゅうえん》——それも三国鼎立《ていりつ》の一翼を担っていた呉の滅亡について史実をもとに語ってみたい。

三国時代の三国とは言うまでもなく、魏《ぎ》、呉《ご》、蜀《しょく》を指す。まず、蜀が魏によって滅ぼされ、その後、魏の権臣の一人にすぎなかった司馬懿の子孫が魏を崩壊させて晋（西晋）を建国する。唯一残った呉はやがてこの晋の侵略を受けて滅ぶ。こうして中国は新興国・晋によって統一され、黄巾《こうきん》の乱から百年続いた三国時代は幕を下ろしたのだった。

そこで呉の滅亡についてだが、偉大な孫権の孫にあたる孫皓元宗《そんこうげんそう》の代に呉は滅んでいる。孫皓は即位した当初、善政を布《し》いたことから、孫権の兄で、早世した孫策《そんさく》（小覇王《しょうはおう》）の再来と称されたが、やがて稀代《きだい》の暴君へと変貌《へんぼう》を遂《と》げる。このことが呉の滅亡を早めたとされている。一体、孫皓に何があったのだろうか。

▼無念をのんで死んだ父の霊を弔う

呉では孫権の死後、孫亮《そんりょう》、孫休《そんきゅう》と続いたが、孫休が永安七年（二六四年）七月に急死したことから、四代目の皇帝候補選びが始まる。前年に蜀が魏によって滅ぼされていたため、危機感を抱いた呉ではすでに皇太子がいたにもかかわらず、一族の中にこの国難を乗り切れる優秀な人材はいないものかと探し回り、孫皓に白羽の矢を立てたのだった。こうして孫皓は二十三歳で即位した。

玉座について、孫皓がまず最初に行ったのが、すでに鬼籍《きせき》に入っている父の名誉回復だった。実は、孫皓の父孫和《そんか》は孫権の第三子でいったんは皇太子にも立てられたが、後継をめぐって権力闘争が起こり、それに敗れ二十九歳の若さで自害させられていた。

孫皓は無念の涙を飲んで死んだ父に文《ぶん》皇帝と諡《おくりな》し、生母の何《か》氏も太后《たいこう》とした。父母を葬ったところには二百家余りも移住させて村をつくり、墓守《はかもり》を命じた。さらに、慰霊のための廟《びょう》を建てて七日間の祭礼を執り行い、孫皓自身、その前で連日のように叩頭《ぬかず》き、むせび泣いたという。

こうした逸話からもわかるように、孫皓という人物は、確かに頭はよかったが、感情の起伏はかなり激しかったようである。即位した当初は、国庫を開いて貧民を救済したり宮女を解放して独身者に娶《めと》らせたりしている。

しかし、こうした名君ぶりを見せたのはほんの最初だけで、やがて孫皓は、粗暴で残忍、酒色を好み、小心で猜疑心《さいぎしん》が強いという本性を表しはじめる。

▼エスカレートする残忍さ

孫晧は即位したその年に早くも、丞相《じょうしょう》の濮陽興《ぼくようこう》と左将軍の張布《ちょうふ》を誅殺《ちゅうさつ》している。これは、孫晧の本性を見抜いた二人が、皇帝に推挙したことを後悔している、と話し合っているのを盗み聞きした者がいて、孫晧に注進に及んだからであった。

こうした孫晧の粗暴さは年々エスカレートし、些細な罪で、あるいはたんに気に入らないという理由で刑死に遭う者が続出した。なかでもよく知られているのが、次の逸話だ。

孫晧の愛妾《あいしょう》の一人が、人を唆《そそのか》して市場で強盗を働かせるという事件があった。すると警備をしていた陳声《ちんせい》という者がその強盗を捕らえ、法に則《のっと》り処刑した。妾《めかけ》がそのことを孫晧に告げ口したところ、怒った孫晧は陳声を捕らえさせ、真っ赤に焼けた鋸《のこぎり》で陳声の首を切り落とさせたという。なんとも残酷で理不尽な話である。

刑罰で、人の顔を剥《は》いだり目玉をえぐったりすることも好んで行わせた。これはのちに孫晧が晋帝の司馬炎《しばえん》に降伏したときの話だが、司馬炎が王済《おうせい》という者と碁を打っていると、たまたま孫皓が通りかかった。司馬炎が何気ない口調で、「きみはなぜ人の顔を剥いだりするのかね」と尋ねたところ、孫皓は、王済が碁盤の下で足をだらしなく投げ出しているのを見て、「主君に無礼を働く者があれば、誰であろうと剥ぎます」と返答したため、王済はあわてて足を引っ込めたという。

▼遷都して一年後に戻す

しかし興味深いのは、孫皓がこうした残忍さを発揮する相手は、文官や身分の低い者、女などに限られることだ。軍事権を持った者から、かなり手厳しい諫言《かんげん》をくらったという事実があるのに、それに対して意趣返《いしゅがえ》しはしていない。

この孫皓の小心さを如実に物語るのが、若いころから占いを信じていたという事実である。これは、まだ十代半ばのころ、人相見から「末は高貴な人になる相である」と言われ、喜んだことがきっかけになっている。

孫皓はまた、帝位についた翌年（甘露元年＝二六五年）九月、首都をそれまでの建業《けんぎょう》（南京《なんきん》）から武昌《ぶしょう》（武漢《ぶかん》）に移し、一年後の十二月にまた建業に戻すという馬鹿げたことをやっている。これはお抱えの占い師の言にしたがって行ったことだった。当然、そのために大規模な土木工事や建築工事を国民に強いており、国中から怨嗟《えんさ》の声が上がったという。

晋に攻め込まれたときも、占いが関与していた。孫皓が即位して十六年目の天紀四年（二八〇年）の春に呉は滅ぶのだが、その前年に長江の上流から建業のほうに大小の木材が連日のように流れてくるということがあった。これは晋が上流で軍船を建造していることは誰の目にも明らかだった。

呉の武官たちは色めき立ってそのことを孫皓に報告するが、孫皓は平然として、「気にするな。占いによると来年は幸運な年になるそうじゃ」そう言って、迎撃のための準備を命じなかったという。

▼晋軍、破竹の勢いで建業に迫る

やがて呉の武官たちが心配したように、長江の上流から晋の水陸両軍が建業目指して雪崩《なだれ》の如く侵攻してきた。呉の防衛線は次々に打ち破られ、呉軍は撤退を重ねた。晋軍にすれば、それがまるで竹の節を割るような簡単さに思えたため、のちに「破竹《はちく》の勢い」という言葉がここから生まれたとされている。

それはそうだ、暴力的で無能な主君を頂いたばかりに呉軍はすっかり戦意を失っていたのである。これでは勝てる道理がない。

幼少期に父を殺されたことが原因の一端であろうが、孫皓という人物はかなり屈折した性格の持ち主であった。普段、人と話をするときでも顔を直視されることを極端に嫌ったと言われている。本当は小心な自分をさらけ出すことが怖いため、あえて暴虐な君主を装《よそお》った面もあったのだろう。

晋に降伏した孫皓はのちに洛陽《らくよう》に送られ、太康《たいこう》五年（二八四年）十二月、四十二歳で亡くなった。帝位にあったころ、孫皓は自分の将来を占わせたことがあった。そのとき、「駕籠《かご》に乗って洛陽に入るのが見える」と言われ、孫皓は大いに喜んだという。晋を征服した自分の姿をそこに見ていたのだ。しかし、実際は敗軍の大将として護送されようとは、このときは想像もしなかったに違いない。

南米アンデスのインカ帝国は「ミイラで滅んだ」というのは本当か

▼南北四千キロメートルを支配

一六世紀前半、インドでイスラム系のムガル帝国が誕生したのとほぼ同時期に、地球の裏側で滅亡した帝国があった。南米アンデスのインカ帝国がそれである。

インカ帝国は一三世紀初頭に成立し、最盛期の一五世紀には南米大陸の太平洋側、つまり現在のペルーを中心に南はボリビアを経てチリ北部やアルゼンチン北西部にまで、北はエクアドルからコロンビア南部にまで支配は及んだ。南北の距離がなんと四千キロメートルにもなる縦に長い大帝国だった。

インカ帝国は宗教と政治が一体化し、太陽信仰が国家の基本だった。産業では牧畜を含めた農業や織物が主で、特にトウモロコシとジャガイモの生産が盛んだった。インカ道と称される国中に整備された道路網もよく知られるところだ。紙や文字は持たず、そのため帝国の実像はまだまだわかっていない部分が多い。

そんなインカ帝国は、スペイン人による情け容赦のない侵略行為と、その直前にヨーロッパからもたらされた天然痘《てんねんとう》とのダブルパンチによって滅んだとされている。しかし、実はもう一つ崩壊を招いた理由があった。内戦だ。それにはミイラが関与していたという。一体、それはどういうことだろうか。

▼国は二重の意味で疲弊する

それまでペルー南部アンデス山中のクスコ（のちのインカ帝国の首都）に勢力を持つ一部族にすぎなかったケチュア族（インカ族）が、周辺部族を次々に征服して領土の拡大政策に乗り出したのは、第九代皇帝パチャクテク（一四三八年即位）の時代だった。

その領土拡大政策は、父帝の跡を継いだ十代トゥパック・インカ・ユパンキ（一四七一年即位）、さらにその息子の十一代ワイナ・カパック（一四九三年即位）へと引き継がれ、特にワイナ・カパックの代で最盛期を迎えている。

そのワイナ・カパックが一五二七年に亡くなると、二人の息子たちの間で皇位継承をめぐって争いが起こる。一人は正妻との間にできた正統な皇子《おうじ》ワスカル、もう一人は側室の子アタワルパであった。

この争いは帝国を二分する内戦となったが、足かけ四年でアタワルパ側が勝利し、十二代皇帝の座につく。このとき国は二重の意味で疲弊《ひへい》の極にあった。この内戦の影響だけでも大きいのに、天然痘が国中に猛威をふるっていたからである。実は、前皇帝ワイナ・カパックも天然痘に罹《かか》って亡くなっていたのだった。

この感染力が異常に強い姿なき悪魔は、スペインの征服者《コンキスタドール》たちによって中央アメリカにもたらされ、そのまま南下してコロンビア経由でインカに入り込んだものと考えられている。この天然痘によって、わずか数年で国民の六〇％（九〇％とする説も）が死亡したというから凄《すさ》まじい。

▼初めて見る鉄砲や馬の姿に驚く

そんな疲弊しきったところに、新しい悪魔が黄金郷《エルドラド》を追い求めて東方から船でインカに渡って来た。それこそが、フランシスコ・ピサロに率いられたスペイン人の征服者たちだった。ピサロはこのとき百八十人ほどの兵を引き連れており、

■インカ帝国の最大版図

最盛期の15世紀には現在のペルーを中心に
南はボリビアを経てチリ北部やアルゼンチン北西部にまで、
北はエクアドルからコロンビア南部にまで、
その支配は4000キロメートルにも及んだ。

さらに大砲一門と馬三十数頭を持ち込んでいたという。

兵の数ではスペイン側は圧倒的に不利だったが、鉄器さえ持たないインカ兵は火縄銃の威力に驚き、初めて目にする馬の疾走《しっそう》する姿にも魂を抜かれ、一方的に征服者たちに殺戮《さつりく》されてしまう。

新皇帝アタワルパもピサロに捕らえられてしまった。ピサロは、アタワルパを一室に閉じこめると、助命の条件としてその部屋が一杯に埋まるほどの金銀を身代金として要求した。そこで仕方なく、インカの人々は要求通りの金銀を用意してピサロに渡したのだが、約束は守られることがなく、アタワルパは処刑されてしまう。一五三三年七月のことだった。こうして事実上、インカ帝国は滅亡した。

その後、スペイン人たちはインカの支配者として君臨する。神殿など伝統文化を徹底的に破壊する一方で、人民にキリスト教への改宗を迫り、一家から一人を徴発《ちょうはつ》して金銀山で働かせることまでした。まさに、やりたい放題であった。

のちにスペイン軍が樹立《じゅりつ》した傀儡《かいらい》政権が反乱を起こしたこともあったが、すぐに鎮圧されている。最後の皇帝トゥパク・アマルが捕らえられ処刑されたのは一五七二年のことで、この瞬間をもってインカの皇統《こうとう》は完全に途絶えてしまった。

▼領土拡大政策を推し進めた真相

最後に、侵略戦と天然痘に加えてインカが滅んだもう一つの理由――内戦について語ろう。先述したように、そこにはミイラが関与していた。

インカ帝国では、歴代の皇帝は死後にミイラになる決まりだった。さらに、いざ復活したときに困らないよう生前の領土はそのままミイラが所有するという考え方だった。そのため皇帝の生前中に仕えていた人々はその領土を管理し、権限も持ち続けることができたのである。

そうなると困るのは新皇帝だった。先代皇帝の領土をそのまま受け継いでいたなら何の苦労もいらなかったが、新皇帝は裸も同然だったため新たに自分の領土を獲得する必要に迫られた。そこで歴代の皇帝たちはやりたくもない遠征を繰り返したのであった。これが、様々な説があるなか、インカ帝国が領土拡大政策を推し進めた真相ではないかと言われている。

ところがそのうち、死者をミイラにして生前と同じような扱いをするのはもう止めにしようと言い出す者が現れる。当然、それに反対する勢力も出てくる。実は、このときの言い争いが、ワイナ・カパックの死後に起こった国を二分する内戦の発端になったという説がある。

▼ワスカル、ミイラの廃止を求める？

ワイナ・カパックの二人の息子、すなわち皇子ワスカルと側室の子アタワルパのことだが、おそらくはワスカルが、ミイラを生前と同じ扱いにするべきではないと言い出したほうではないだろうか。

ワスカルはきっと、自分は正統な皇子だけに次の皇帝になるのは間違いないことだと思い込み、それなら苦労して遠征などやらなくても先代の遺産をそのまま受け継いだほうがよいと考えたのではないだろうか。しかし、結果的には内戦に敗れ、アタワルパに皇位を奪われてしまうわけだが……。

いずれにしろ、このときの兄弟争いが原因で国を二分する内戦に発展したことは間違いないだろう。そこをスペイン人の征服者たちにうまくつけ込まれてしまった。この内戦が起こらなければ、あれほどあっさりと帝国が滅ぶことはなかったかもしれない。

インド大反乱が招いたムガル帝国滅亡の真実

▼イスラム国家がインドを支配

一六世紀前半に建国され、最盛期にはアフガニスタンからインドのほぼ全域までを支配したイスラム国家があった。ムガル帝国である。ムガルとは「モンゴル」の訛《なま》りで、インドでは中央アジア方面からの侵入者をこう呼んでいたことにちなむ。

元は中央アジアで台頭したモンゴル系の族長であった初代バーブルから数えて十七代バハードゥル・シャー二世まで、インドでは圧倒的に多いヒンドゥー教徒とときには融和し、ときには対立しながらも三百年以上も繁栄を続けた。

なかでも、ムガル帝国といえば独特の文化が有名だ。この時代、ヒンドゥー文化、ペルシア文化、中央アジアの文化がミックスした独自の文化が花開き、様々な分野に影響を与えた。たとえば、ペルシアとインドの様式が融合したとされる建築群。インド北部のアグラにあり、白亜の大理石造りで知られる壮麗なタージ・マハル廟《びょう》はその代表である。

そんな栄華を誇ったムガル帝国も、一九世紀中ごろに滅亡を迎えてしまう。原因はイギリスやフランスなど欧州列強の進出だった。そして決定的だったのは、インドの民衆がイギリス東インド会社の支配に抵抗して起こした「インド大反乱」（一八五七年）である。この反乱は、当時のインドが抱える宗教・民族問題を象徴する、ある事件がきっかけになって起きていた。そのきっかけとは――。

▼フランスをインドから駆逐

欧州列強のうち、ムガル帝国と最初に交流を持つようになったのは、一六世紀のポルトガルだと言われている。このころは純粋な商取引にとどまっていたが、一七世紀に入り、イギリスが進出して東インド会社の商館がインドに置かれるようになると、それをきっかけに、フランス、オランダ、デンマーク、スウェーデンなど列強たちの経済搾取《さくしゅ》が始まった。

なかでも、イギリスとフランスがインドにおける二大勢力となり、最後に勝ち残ったのがイギリスだった。イギリスは一七五七年六月、インドのベンガル地方の村プラッシーにおいて、フランス東インド会社の支援を受けたベンガル太守(ムガル帝国の地方長官)軍と戦い、これに勝利する。この戦争を境に、フランスの勢力はインドから駆逐《くちく》され、インドはほぼイギリスの独占状態となった。

圧倒的な軍事力を背景にしたイギリスは一七六五年、農業生産に適したベンガル地方の徴税権を獲得したのを皮切りに、次々とインド国内で植民地を拡大していき、それらに重税を課していった。やがてムガル帝国は首都デリーとその周辺のみを支配する一地方政権に成り下がってしまう。

加えて、すでに産業革命を成し遂げていたイギリスは、機械で簡単に綿布を織れるようになっており、このこともインド経済に打撃を与えた。

▼ライフル銃の薬包が大問題に

それまでのイギリスはインドで織られた綿布を輸入していたが、産業革命後は原料の綿花の状態でインドから輸入し、自国で機械織りするようになる。そのためイギリスで生産された安価な機械製綿布が逆にインドに流入するようになり、インドの主要産業である綿織物工業は急激に冷え込んでしまう。町には失業者があふれるようになり、国中からイギリスに対する不平不満が噴出した。

こうしたなか、デリー北東の都市メーラトで、イギリス東インド会社が編成したインド人傭兵《ようへい》が蜂起《ほうき》するという事件が起こる。一八五七年五月十日のことだった。この傭兵団はイスラム、ヒンドゥー、さらにカースト（ヒンドゥーにおける身分制度）も関係なく集められていたが、反乱を起こした直接の原因はそうした宗教間の対立ではなく、新たにイギリス本国で正式採用されることになったライフル銃にあった。

そのライフル銃（エンフィールド銃）は、一発分の火薬と弾丸がセットで紙に包まれた薬包が使われ、端を歯でかみ切ってから銃に装填《そうてん》する方式だった。問題はその薬包に湿気を防ぐ目的で、ヒンドゥー教徒が神聖視する牛の脂《あぶら》や、イスラム教徒が不浄とみなしている豚の脂が塗られていたことだった。そのことが傭兵団に知れわたると、そんな銃をあてがわれたのではたまったものではない、と双方から一斉に不満の声が上がり、このたびの反乱につながったという。

▼皇帝はビルマに流される

このときの「インド大反乱」（日本では、ペルシア語で軍人を意味する言葉から「セポイの反乱」とも）は、イギリスに対し不満を持つ各地の旧王侯、旧地主、農民、都市住民らも巻き込んで、文字通りインド国民あげての大反乱となった。

反乱軍は、当時すっかり権力を失っていた老齢のムガル帝国十七代バハードゥル・シャー二世を擁立《ようりつ》し、反乱に正当性を与えようとした。しかし、反乱軍側に有能な指導者がいなかったことや宗教間の内紛などもあって、翌年の一八五八年中にはほぼ鎮圧されてしまう。

バハードゥル・シャー二世はイギリス側が開いた裁判によって有罪判決を受けたのち、ビルマ（現ミャンマー）に流罪となる。これにより、ムガル帝国は滅亡した。イギリス政府はこのたびの反乱を招いた責任を取らせる形で東インド会社を解散させ、インドを直接統治することになる。

このインド大反乱が招いたムガル帝国の滅亡は、多民族・多宗教・多言語のモザイク国家と称されるインドの統治がいかに難しいかを物語っている。

「ナポレオン帝国」の崩壊を招いたロシア遠征の大誤算

▼生還率はなんと〇・七％

士官学校を経て二十四歳で砲兵士官として入隊した数学好きの青年が、革命後の国内の混乱をたちまちのうちに収拾して二十九歳で新政府を樹立。その後、国民投票によって皇帝の座に就くと、周辺の国々を次々に征服し、またたく間にイギリスとスウェーデンを除く全ヨーロッパを支配下に置いてしまった。

――その人物とは言うまでもなく、「余の辞書に不可能の文字はない」で知られるフランス皇帝ナポレオン一世である。とにかくナポレオンは軍事の天才だった。記録に残る戦歴だけでも四十一回あり、そのほとんどで勝利した。まさに、ナポレオンこそは常勝将軍、近世のアレキサンダー大王であった。

しかし、そんな蓋世《がいせい》の英雄もやがて落日が訪れる。四十三歳のときに起こしたロシア遠征が引き金になった。この戦いでナポレオンは、はるばるロシアまで七十万もの大軍を引き連れておきながら、モスクワで歴史的な大敗を喫し、パリに帰還したときの兵はわずか五千人ほどに減っていたという。生還率はなんと〇・七％だ。

本稿では、ナポレオンとフランスの運命を大きく変えることになったこのロシア遠征を題材に、ナポレオンが犯したその知られざる誤算について語ってみたい。

▼イギリスの経済的孤立を狙う

ナポレオン率いるフランス陸軍が、モスクワ目指して東欧リトアニアを流れるネマン川を渡り、ロシアへの侵攻を開始したのは一八一二年六月二十三日のことだった。全軍七十万のうち仏軍は四十五万で、残りは支配下の国または同盟国から徴発《ちょうはつ》した兵士たちだった。

そもそも、なぜナポレオンがロシア侵攻を決意したかといえば、原因は彼のイギリスに対する歪《ゆが》んだ復讐心に端を発していた。一八〇五年十月のトラファルガー海戦でフランス艦隊は、ネルソン提督率いるイギリス艦隊に惨敗しており、その復讐のためにナポレオンは欧州諸国に対し「大陸封鎖令」を出し、イギリスとの交易を禁じた。これは無論、イギリスを経済的に孤立させる狙いだった。

ところが、ロシアがこれを無視してイギリスに穀物を輸出したことから、怒ったナポレオンはロシアに制裁を加えるためこのたびの遠征を決行したのだった。

仏軍は国境を越えてからモスクワに入るまでに二度（スモレンスクの戦いとボロジノの戦い）、露軍と交戦している。特に九月七日のボロジノの戦いは両軍とも四万～五万人の死者を出す激戦となった。

仏軍がモスクワに入城したのは九月十四日のことで、それまでに食料や物資の補給、後方や側面への備えなどに多くの兵を割いており、実際にモスクワに入った兵力は十万程度だったとみられている。

▼モスクワの町が焼け野原に

ナポレオンは、モスクワ市街に一歩入って、思わずわが目を疑ったという。なぜなら、そこは文字通り、もぬけの殻だったからだ。当時のモスクワは、首都の座こそサンクトペテルブルクに譲っていたが、それでも永い歴史を誇るロシア指折りの大都市だった。当時、モスクワには約三十万の人々が暮らしていたが、このときは体が不自由な年寄りや行く当てのない貧しい人々がわずかに隠れ潜んでいるばかりであった。

すっかり拍子抜けしてしまったナポレオンであったが、まもなく彼を驚愕させる一大事が出来《しゅったい》する。入城したその日の夜、市街地で大火事が発生したのだ。当時のモスクワは木造建築が多かったため、火は次から次へと建物に燃え移った。結局、三日間にわたって燃え続け、市街地の約四分の三が焼け野原になったという。

この火事の原因は、仏軍と露軍のどちらかが意図的に放火したものか、それとも失火だったのか、現在まで研究者の間でも結論は出ていない。しかし、市街の各地から一斉に火の手が上がったという仏軍兵士の証言があることから、露軍側の意図的で組織的な放火だったと思われる。

露軍は一七〇七年、バルト海の覇権をめぐってスウェーデン軍と東ウクライナで戦っているが（「ポルタヴァの戦い」）、侵攻してきたスウェーデン軍に対し、一か八かの焦土《しょうど》作戦を展開してこれを追い払うことに成功している。仏軍を迎え撃った露軍指揮官は、きっとそのことが頭の中にあったに違いない。

▼苦渋の撤退を選ぶナポレオン

いずれにしろ、この火災によりナポレオンは、占拠したばかりのクレムリンに火が迫ってきたことから、あわてて脱出し、より安全な場所へと避難している。その際、ナポレオンは「何という国民。奴らはまさに野蛮なスキタイ人だ！」と叫んだことが部下の一人によって記録されている。ナポレオン自身、この火災は露軍の放火だと信じて疑わなかったようである。

その後、ナポレオンは軍をモスクワ郊外の農村部に移動させると、ロシア皇帝アレクサンドル一世宛に和議を提案する書簡を三回も送るが、いずれも無視されてしまう。こうして徒《いたずら》に日数だけが過ぎていった。そうなると、心配なのは食料だった。当初ナポレオンは、占領したモスクワから食料を調達する考えでいたのだが、町が焼けてしまい、それも適わなくなった。ぐずぐずしていると、間もなくやってくる冬の寒気団によって身動きが取れなくなる心配もあった。

そこでナポレオンはモスクワからの撤退という苦渋の選択をする。こうして十月十九日、仏軍の退却が始まった。すると、それを待っていたかのように露軍のゲリラ攻撃が始まった。ロシア側には地の利に長じた農民兵や勇猛さで聞こえたコサック騎兵が加入していたこともあり、仏軍の兵士たちは次々と屍《しかばね》をロシアの大地に晒《さら》していった。しかも、十一月に入ると例年よりもひと足早く、例年以上に強い寒気団が襲来し、寒さに慣れていない仏軍を一層苦しめたのである。

▼解放を勝ち取るために諸国が蜂起

仏軍がロシア西方の都市スモレンスクに這這《ほうほう》の体《てい》で逃げ込んだのは、十一月八日のことだった。それまでに露軍に殺されたり凍死したり脱走者が相次いだりしたため兵数は四万を切るまでに減っていたという。

仏軍はこのスモレンスクでも十分な食料を得ることができなかったため、そのままベレジナ川（ベラルーシの中央部を流れる河川）まで急いだが、川を渡る際、露軍の追撃を受け、多くの犠牲者を出している。生き残った兵士たち五千余りがネマン川を渡り、ようやくロシアを脱出できたのは十二月十日のことであった。その敗残兵の惨《みじ》めな後ろ姿には、わずか半年前にこのネマン川を数十万の大軍で意気揚々と渡った仏軍の威容はかけらも見いだせなかったという。こうしてナポレオンは十二月十八日、大勢の残軍を顧《かえり》みないまま、自らはパリに帰還した。

常勝将軍ナポレオンがロシアに大敗したというニュースは、またたく間に欧州諸国を駆け巡った。彼らはこれを千載一遇の好機ととらえ、フランスから解放を勝ち取るために蜂起《ほうき》した。

ロシア遠征の翌年十月、ナポレオンはロシア、プロイセン、オーストリア、スウェーデンの連合軍三十六万と、ドイツ東部ライプチヒで戦って敗れる。ナポレオンは元老院からその責任を追及され、退位させられたのち、イタリア半島西岸のエルバ島へと流される。ところが、一八一五年二月に島を脱出してパリに戻ると、熱狂的な市民の後押しを受け皇帝の座に返り咲く。しかし、政権は永くなかった。

▼ナポレオンの楽観視が敗因に

その年の六月、仏軍はベルギーのワーテルローでイギリス軍に敗れ、ナポレオンの「百日天下」の幕は閉じられる。ここに至り、ナポレオンが打ち立てた、のちに「フランス第一帝政」と呼ばれる王朝は滅亡した。ナポレオンは連合軍の決議によって、今度は南大西洋に浮かぶ孤島セントヘレナ島に送られ、そこで一八

■ナポレオンのロシア大遠征

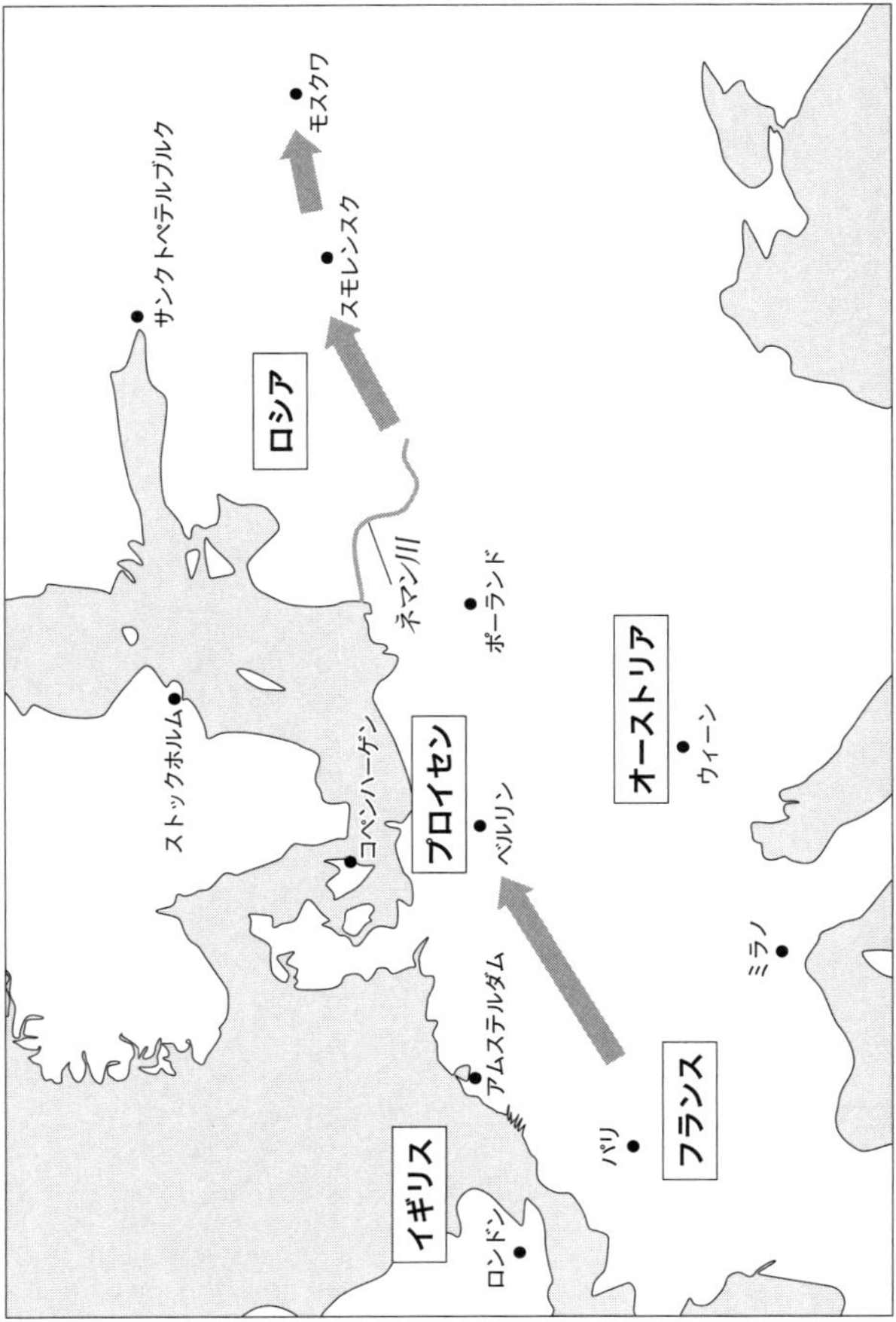

二一年五月、五十一年の波瀾に富んだ生涯を終えるのであった。

ロシア遠征での仏軍の敗因だが、一つにはナポレオンが戦前にロシアを甘く見ていたことは否定できない。欧州の大半を支配下に置いた今の自分に刃向かう者などいるわけがない。きっとこの大軍を見て怖れをなし、一戦も交えることなく降伏を申し出てくるに違いないとナポレオンは楽観視していたのだろう。

ところが実際には、相手（ロシア）は焦土作戦という、さすがのナポレオンも予想しなかった乾坤一擲《けんこんいってき》の大勝負で挑んできた。しかも、自らの手で焼き払った場所がほかでもないロシアを象徴する古都モスクワだ。そのことでロシア兵たちは奮い立ち、なにがなんでもナポレオンの魔の手から祖国を守るのだという国家《ナショナ》主義《リズム》に目覚めたのではないだろうか。

もうひとつ、ナポレオンにとっての誤算は、例年よりひと足早く寒気団――いわゆる「冬将軍」が襲来したことである。シベリア寒気団がもたらす寒さは最強だ。時代は下って、ドイツのヒトラーがソ連に侵攻した際も、この寒気団に阻《はば》まれ、モスクワ入城直前で総退却に追い込まれている。冬将軍という無敵の味方を得たロシア軍には、いかに軍事の天才ナポレオンも為《な》す術《すべ》がなかったのだ。

ロマノフ朝滅亡とロシア革命を密かに支えた〝謎の勢力〟とは？

▼ロシア帝国からソビエト連邦へ

一九〇五年一月九日、ロシア帝国の当時の首都サンクトペテルブルクにおいて、労働者による待遇改善や憲法の制定、日露戦争の中止などを政府に対して求めるデモ行進が行われた。このデモにはサンクトペテルブルクの全労働者の三分の一にあたる約六万人が参加したという。

いたって平和的なデモであったが、予想以上に参加者が多かったため、取り締まりに当たっていた兵士たちが興奮し、あろうことか丸腰の群衆に向かって発砲してしまう。このときの騒動でデモ参加者側に二千～三千人もの死傷者が出たという。これこそがロシア革命の発端となった「血の日曜日事件」であった。

その後、同様のデモやストライキがロシアの各地に飛び火する。一九一四年に第一次世界大戦が勃発《ぼっぱつ》すると、こうした労働運動はいったん鎮静化するが、戦争の激化でインフレとなり生活が困窮してくると再びデモが各地で起こり始める。今度は市民だけでなく軍人も多く参加していたのが特徴だった。

やがて、最後のロシア皇帝、ニコライ二世は臨時政府によって退位させられ、のちに処刑されてしまう。

こうして帝政ロシアは一九二二年からソビエト連邦という名の社会主義国家に生まれ変わるのであった。

このロシア革命には、裏で糸を引いていた勢力があったと言われている。それは一体、どんな勢力だったのだろうか。

▼帝国に繁栄をもたらした農奴制

本題に入る前に、ロシア帝国とはどんな国だったか、簡単におさらいしてみよう。

ロシア帝国は、一七二一〜一九一七年まで約二百年間存在した帝政国家で、最盛期には西はポーランドやフィンランド、東はシベリアや外満州までユーラシア大陸の北部を広く支配していた。統治王家はロマノフ家で、そこからロマノフ朝とも呼ばれる。初代ピョートル一世からニコライ二世まで歴代十四人の皇帝が存在した。

こうしたロシア帝国の繁栄は「農奴《のうど》」の存在なくしてあり得なかった。農奴は特定の土地に縛られ、地主（貴族）から労働を強《し》いられるごく弱い立場だった。必要とあらば売り買いの対象にもなり、文字通り奴隷《どれい》と何ら変わりなかった。ロシアではこうした農奴制が一六～一七世紀半ばにかけて確立されていた。

農奴制は法律上、一八六一年に廃止されるのだが、当時のロシアの人口六千万人のうち二千三百万人が農奴であった。廃止されたといっても、それ以後も実体はほとんど変わらず、農民は地主から搾取《さくしゅ》を受け続けた。本当の意味で農民が農奴制から解放されるにはロシア革命まで待たなければならなかった。

こうした封建的な農奴制が永く存続したことで、一八世紀後半～一九世紀前半にかけて西欧諸国が相次いで産業革命に成功するなか、ロシアだけが大きく後《おく》れをとる原因となったことは否めないだろう。同時に、今の苦しさから何とか逃れたいという農民の切実な思いが大きなうねりとなってロシアの全土を覆い、革命を成功に導いたとも言えよう。

▼革命運動の資金源

革命のような大きな変革を起こすには、何といっても先立つものはお金だ。そのお金を用立ててくれたのが、実は世界に散らばるユダヤ系富豪だった。なかでも英国のロスチャイルド家や米国のロックフェラー家などは革命を主導した共産党幹部に対し巨額の支援を惜しまなかった。

そもそも、このロシア革命はユダヤとのかかわりが深く、当時の共産党幹部は八割方ユダヤ人であった。トロツキーは両親ともユダヤ人で、レーニンは母方の祖母がユダヤ人だった。ほかの幹部連中も大半がそうだ。革命の精神的支柱となった『資本論』を著《あらわ》したマルクスからしてユダヤ人であった。

ロシア帝国がユダヤ人との結び付きを深めたのは、一八世紀末にポーランドの一部を領土化したことに始まる。その結果、ロシアは世界有数のユダヤ人を抱える国家となった。彼らユダヤ人たちは定住区域が決められるなどロシア政府から様々な迫害を受けた。

なにか事件が起こるたびにユダヤ人たちはその槍玉にあげられ、虐殺《ぎゃくさつ》や掠奪《りゃくだつ》に遭うことも珍しくなかった。これをロシア語で「ポグロム」（ユダヤ人に対する集団的迫害行為をさす）という。たとえば、一九〇三〜〇六年にかけて起こったポグロムでは警察や軍隊までもが虐殺に関与しており、その迫害に耐えかねて百五十万人ものユダヤ人がロシアを脱出し、北米や西欧諸国へ逃れている。

▼日露戦争のもうひとつの読み方

レーニンやトロツキーらは、こうしたロシアに住むユダヤ人たちを解放するには革命を起こして現政権を転覆させるしかないと考えるようになり、革命運動にのめり込んでいった。さいわい彼らは、世界各国のユダヤ系富豪から金銭的援助を受けており、活動資金に困ることはなかった。

ユダヤ系富豪の中には側面からレーニンらの革命を支援する者も現れた。米国の国際銀行家ジェイコブ・シフがその典型で、日露開戦にあたり、シフは日本の国債を大量に購入している。戦費調達に苦慮していた日本政府を助けることで日本とロシアを戦わせ間接的にロシアの国力を削ぐ狙いだった。ちなみに、このとき日本政府がシフに借りた金は、八十年もかかって一九八六年にようやく完済している。

レーニンらの革命はこうした国の内外からの支援あってこそ成し遂げることができたのである。

ここまで見てくると、ロシア革命とは、ユダヤ人の解放運動という側面があったことがわかる。しかし、その後のロシア――ソビエトはレーニンらが願ったようなユダヤ人にとって安住の地になることはなかった。

なぜなら、レーニン没後、トロツキーを退《しりぞ》けて権力の座についたスターリンは独裁者となり、目障りなユダヤ人幹部のほとんどを粛清してしまったからである。

■主な参考文献（順不同）

「日本全史」（講談社）、「日本書紀」（宇治谷孟／講談社学術文庫）、「合戦の日本史」（安田元久監修／主婦と生活社）、「歴史と旅　平成7年2月号」「同　臨時増刊　昭和53年11月号」「臨時増刊57　謎と異説の日本史総覧」（以上、秋田書店）、「歴史読本　81年11月号」「同　93年10月号」「同　95年10月号」「同　03年9月号」「同　歴史のその後」「同　知ってるつもりの日本史」「歴史読本スペシャル　82年8月号」「同　87年5月号」「同　87年11月号」「別冊歴史読本　江戸時代考証総覧」「同　誰も書かなかった戦国武将96人の真実」「同　事典にのらない日本史有名人の晩年と死」「同　日本史有名人の子ども」「同　教科書が教えない日本史素朴な疑問」「同　日本史のカラクリ」「同　間違いだらけの歴史常識」「同　戦国武将の晩年と最後」「教科書が教えない　歴史有名人の晩年と死」「歴史のその後」（以上、新人物往来社）、「コンサイス人名辞典　日本編」（三省堂）、「朝日　日本歴史人物事典」（朝日新聞社編）、「名将言行録現代語訳」（講談社学術文庫）、「歴史人15年4月号」（KKベストセラーズ）、「戦国史が面白くなる　戦国武将の秘密」（渡邉大門／洋泉社）、「クロニック世界全史」（講談社）、「敗者で読み解く古代史の謎」（新人物文庫）、「本当は恐ろしい世界の名家」（彩図社）、「さまよえる湖」（中公文庫）、「図解戦国史大名勢力マップ詳細版」（スタンダーズ）、「敗者の日本史」（洋泉社MOOK）、「武将の散りぎわ」（英和出版社）、「別冊歴史読本35　皇帝ナポレオンのすべて　ビジュアル詳解　欧州制覇への道とボナパルト家の実像」（新人物往来社）、「銭屋五兵衛と冒険者たち」（童門冬二／集英社文庫）、「世界史リブレットムガル帝国時代のインド社会」（小名康之／山川出版社）、「シュメル　人類最古の文明」（小林登志子／中公新書）、「インカ帝国―研究のフロンティア」（国立科学博物館叢書）、「信長　船づくりの誤算　湖上交通史の再検討」（用田政晴／サンライズ出版）、「興亡の世界史　ロシア・ロマノフ王朝の大地」（土肥恒之／講談社学術文庫）など。

青春文庫

日本人《にほんじん》が知《し》らない歴史《れきし》の顚末《てんまつ》!
「滅亡《めつぼう》」の内幕《うちまく》

2019年 2 月20日　第 1 刷

編　　者　歴史《れきし》の謎研究会《なぞけんきゅうかい》
発 行 者　小 澤 源 太 郎
責任編集　株式会社プライム涌光
発 行 所　株式会社青春出版社
〒162-0056　東京都新宿区若松町 12-1
電話 03-3203-2850（編集部）
03-3207-1916（営業部）
振替番号　00190-7-98602
印刷／大日本印刷
製本／ナショナル製本
ISBN 978-4-413-09716-1

ほんとうのあなたに出逢う　青春文庫

毒になる食べ方 薬になる食べ方

食べ方ひとつで、カラダは変わる！
間違った思い込みや常識を払拭する
目からウロコの情報満載

森由香子

(SE-712)

すべての病気は血管で防げる！

脳卒中、心筋梗塞、突然死だけじゃない

がん、糖尿病、高血圧、脂質代謝異常、認知症、骨粗しょう症…何歳からでもすぐ効果が表れる！〝血管の名医〟がすすめる習慣

池谷敏郎

(SE-713)

人に強くなる極意

今こそ求められる生き方、働き方のバイブル。
35万部突破のベストセラーが待望の文庫化。

佐藤　優

(SE-714)

残念な理系の常識

日本人の9割が信じている

「セミは1週間しか生きられない」は、大きな誤解、「土に還る素材は自然に優しい」のウソなど、知らないとヤバイ知識が満載

おもしろサイエンス学会［編］

(SE-715)